Raíces de la Criminalidad

CAPÍTULO PRIMERO : Las preguntas socráticas EN BROADMOOR .

" Los psicópatas " se encuentran en el extremo. La herramienta más utilizada para diagnosticar

" Trastorno antisocial de la personalidad " es una escala llamada el " Hare

Lista de Psicopatía " , ideado por el psicólogo canadiense Robert D.

Hare . Hay un punto de corte a partir del cual se le da el diagnóstico

de trastorno antisocial de la personalidad . Y , dentro de ese diagnóstico, si

llegar a lo más alto puntaje de 30 se le da el diagnóstico adicional de

" Psicopatía " . Algo a menudo dicho sobre los llamados psicópatas ,

y por extensión sobre los otros dentro de la categoría más amplia , es que

carecen de una conciencia.

Esta afirmación es intrigante. ¿De verdad hay gente que carecen por completo

una conciencia? Si es así , ¿cómo sucede esto ? ¿Nacen con

algo que falta ? ¿O es que suceda algo a ellos que destruye

su conciencia ? Lo más fundamental , ¿qué significa decir que

que " carecen de una conciencia" ?

Ética todavía se enseña

por el método inventado por Sócrates. Esto comienza preguntando a la gente sobre

sus creencias acerca de lo correcto y lo incorrecto, presionándolos para indicar los

creencias con la máxima claridad y explicitud . Entonces son

el reto de defender sus puntos de vista en el rostro de contraejemplos y

oponerse argumento. El alumno se introduce en un viaje de

autoexploración , en lugar de recibir " las respuestas" por el

maestro. Algunos estudiantes , los que piensan que se enseña se está dando

información o conclusiones para llevar, están desconcertados por esto y dudan

que se les enseña correctamente. Sea como fuere , el maestro aprende mucho sobre los estudiantes , sobre todo acerca de la muy diferente

estructuras de creencia moral y estilos de pensamiento moral que las personas

tener. Esto incluye muy diferentes puntos de vista sobre lo que es ser guiado

por la conciencia de uno.

Decir que las personas con trastorno antisocial de la personalidad carecen de una

conciencia podría significar una o más de varias cosas. Podría significar

que carecen de empatía por los demás : que no se puede imaginar

cómo se sienten otras personas. O podría significar que carecen de simpatía : que

que puedan imaginar los sentimientos de , por ejemplo, los que duelen, pero

no se preocupan por ellos. Podría significar que no sienten culpa . lo

podría ser que carecen de ciertos conceptos morales , tales como "cruel" ,

"Desleales ", " deshonestos ", " derechos" o "egoísta" . O podría significar que

carecen de un sentido de la identidad moral : una concepción del tipo de

persona que son , o de la clase de persona que esperan a ser, junto

con un conjunto de valores que conducen a esa concepción . Parecía que el

conciencia o falta de conciencia de este grupo de personas era un

prometedor campo de investigación.

Dr. Gwen Adshead , un psiquiatra que trabaja en el hospital de Broadmoor , tiene

muchos pacientes con el diagnóstico de trastorno de la personalidad antisocial .

Ella y yo encontramos que compartimos un interés en su moral o falta de ella ,

y diseñamos conjuntamente un proyecto para investigar estas cuestiones en

algunos de los de Broadmoor con este diagnóstico.

Gwen Adshead llevó a cabo una serie de entrevistas , en última instancia, sobre la base de

La idea de Carol Gilligan de una " ética del cuidado " , pero adaptado en una

herramienta de investigación , la " ética del cuidado entrevista", por la Dra. Eva Skoe .

El núcleo de esto es la evaluación de las respuestas de la gente a moral

dilemas que se presentan a través de historias breves .

He utilizado una serie de entrevistas para tratar de sondear la moral de las personas y

valores por medio de preguntas basadas en las que se utilizan para enseñar ética.

En parte como homenaje al inventor del método, pero tal vez con un

toque de pretenciosidad , llamé a esta serie " socrático

entrevistas " . Este informe se cuenta en estas entrevistas " socrático ". a

introducirlos , voy a decir un poco sobre el trastorno de personalidad antisocial

y luego esbozar brevemente el contenido de las entrevistas y de los principios rectores

preguntas detrás de ellos.

1 . Trastorno de personalidad antisocial .

Como categoría psiquiátrica, trastorno de la personalidad es importante y

frustrante. Existen diferentes trastornos de la personalidad . Listas varían ,

pero la mayoría incluyen trastorno de personalidad narcisista , esquizoide

Trastorno de la personalidad , trastorno de la personalidad límite y antisocial

Trastorno de la personalidad . Las definiciones de cada uno de estos tienden a ser vagos .

Definiciones típicas de la categoría general de " trastorno de la personalidad "

consulte " profundamente arraigadas , patrones desadaptativos de conducta que

causar problemas a los que las tienen o para los demás. " (CHECK Y COTIZACIÓN

AQUI DE DSM O ICD).

Estas cuentas recogen algo importante, pero están llenos de

problemas . La palabra " mala adaptación " suena científica , tal vez como un

idea derivada de la supervivencia darwiniana. Pero también tiene una preocupante

sugerencia de no encajar bien con las normas sociales imperantes. en esto

base , en varias ocasiones , al ser un disidente en la Unión Soviética, un ateo en Arabia Saudita o comunista en los Estados Unidos podría

calificar a alguien por tener un trastorno de la personalidad . " Desadaptativo " , incluso

en el sentido darwiniano más literal de no ser propicio para la supervivencia

en un entorno determinado , todavía puede incluir demasiado. profundamente

valentía arraigado en un bombero no puede ser propicio para la supervivencia.

Y Sócrates tenía la costumbre arraigada de hacer preguntas que

personas con problemas, un hábito que finalmente condujo a su muerte .

Tales definiciones son claramente demasiado. Pero esto puede reflejar el

habilidades filosóficas psiquiatras en lugar de sus queridos diagnóstico.

Puede haber algo en la reclamación a veces hecho : " la definición

puede ser nada bueno, pero usted reconocerá cuando lo vea " . Sí parece

ser personas -y no el personal de lucha contra incendios o Sócrates- cuya personalidad parece

en mal estado en un grado tan extremo que está arruinando su

relaciones y sus vidas. Presentan dificultades que son a la vez

conceptual (debería contar esto como un "trastorno " a ser tratado por

psiquiatras ?) y práctica (¿existen formas efectivas de ayudarles a

cambio?) .

Trastorno antisocial de la personalidad , en el extremo grave, incluyendo

psicopatía , es el heredero de una historia enmarañada de moral, legal y

conceptos psiquiátricos, incluyendo los que están marcados por la decimonovena

término del siglo " locura moral ", y los términos de principios del siglo XX

" Inferioridad psicopática constitucional" y " psicópata " . (REFERENCIA

A Millon, SIMONSEN Y BIRKET -SMITH .) La concepción moderna de un

psicópata ha sido influenciada en gran medida por Harvey Cleckley , que era un

Profesor de Psiquiatría en la Universidad de Georgia Medical School Él informó acerca de los psicópatas entre sus pacientes en The Mask of Sanity ,

un intento de aclarar algunas cuestiones acerca de la así llamada psicopática

Personalidad (publicado por primera vez en 1941 , reeditado con sustancial

revisiones en 1950 , con nuevas revisiones hasta la quinta póstumo

edición en 1988).

La corazonada de Cleckley (aunque sabía que carecía de pruebas para apoyarlo) fue

que los psicópatas nacieron así : "Cada vez que he venido a

creer que algún defecto sutil y profundo en el organismo humano ,

probablemente innata , pero no hereditaria, desempeña el papel principal en la

fracaso desconcertante y espectacular del psicópata para experimentar la vida

normalmente y continuar una carrera aceptable para la sociedad " . (REFERENCIA

A Cleckley , Página 403 .) Su libro tiene dos caras, una influencia

estereotipos populares y leyendas acerca de los psicópatas y el otro

influir en el pensamiento psiquiátrico .

Cleckley tenía muchos de los prejuicios de su tiempo y lugar. Su libro

incluye ataques contra " permisividad " moderno, y sobre " los intelectuales y

estetas " para su gusto de " lo que se considera generalmente como perversa ,

desanimados o desagrado ininteligible " . ¿Qué les gustó incluido

los escritos de Gide (que " abiertamente insiste en que la pederastia es la

forma superior y preferible de vida de los varones adolescentes ") y Joyce

(" Una colección de galimatías erudita indistinguibles para la mayoría de la gente

de la ensalada palabra familiar producida por los pacientes hebefrénica en el

copias de las salas de cualquier hospital estatal "). (REFERENCIA A Cleckley , página 7.)

En su descripción de uno de sus pacientes masculinos que tenían sexo oral con

cuatro hombres negros , la desaprobación de Cleckley no se centra en si el el consentimiento de los hombres era genuina , pero principalmente en la elección de los de su paciente

socios. El hombre " se le ocurrió la idea de recoger cuatro hombres negros

que trabajaba en los campos , no lejos de su residencia. En una localidad

donde el Ku Klux Klan (y sus actitudes conocidas) en el momento

disfrutado de una buena parte de su popularidad , este inteligente y en algunos

joven aspectos distinguido mostró ningún reparo en tomar

desde el campo de estos trabajadores sin lavar quien ocultó en la parte posterior

de una camioneta , con él en un lugar bien conocido de la amorosa

cita ... A pesar de que lamentó y dijo que su broma era bastante

un error, él parecía totalmente desprovista de cualquier vergüenza profunda " .

(REFERENCIA A Cleckley , Página 361 .)

Cleckley ayudó a crear o perpetuar el estereotipo popular de la

psicópata que no es realmente humano, un monstruo escondido satánico detrás de la

máscara de la cordura. Esta es " la máscara exquisitamente engañosa del

psicópata " , que utiliza extraordinaria facilidad y encanto para hacerse pasar por un

persona normal . "No estamos tratando aquí con un hombre completo en todo, pero

con algo que sugiere una máquina de reflejos construida sutilmente que

pueden imitar la personalidad humana perfectamente . Esta funcionando sin problemas

aparato psíquico reproduce constantemente no sólo muestras de buena

razonamiento humano, sino también simulaciones apropiadas de humano normal

emoción en respuesta a casi todos los variados estímulos de la vida. así

perfecta es la reproducción de un todo y el hombre normal que nadie que

él examina en un entorno clínico puede señalar en científico o

objetivamente por qué, ni cómo, él no es real ... El psicópata , sin embargo

perfectamente que imita hombre teóricamente , es decir , cuando habla por sí mismo en las palabras, falla por completo cuando se pone en el

la práctica de la vida real " . (REFERENCIA A Cleckley , páginas 369-370 Y

383 .)

Entre los psiquiatras , la influencia de Cleckley no ha sido acerca de la

monstruo detrás de la máscara, sino que viene de sus poderosas descripciones de

el comportamiento de algunos de sus pacientes psicopáticos .

Un caso memorable fue " Milt " , que tenía 19 años cuando llegó a un hospital.

Él había hecho un montón de cosas antisociales. Cuando criticado por ellos,

hecho disculpas encantadoras , pero nunca parecía realmente apreciar la

gravedad de lo que había hecho y continuó de la misma manera . uno

incidente fue cuando él conducía su madre de vuelta del hospital después

la cirugía mayor. El coche explotó un fusible y se rompió en medio de

un puente muy largo . Con la oscuridad que cae, Milt conjunto de caminar a una

garaje media milla de distancia para conseguir un fusible. Él dijo que iba a conseguir un taxi y

estar de vuelta en menos de quince minutos . Después de una hora de su angustiada

madre se las arregló para llegar a casa. Llamó a los hospitales para ver si Milt

había tenido un accidente.

En el camino hacia el garaje, que se había detenido en un estanco de 10 a 15

minutos para comprobar los resultados de fútbol. Luego se pidió a una chica que vive

cerca y conversó casualmente durante una hora. Todo este tiempo que recordaba

su madre estaba esperando. Cuando por fin se recoge el coche y entró

casa, él se cruza con su madre por no haber esperado . Él mostró " una

inmunidad soso a cualquier reconocimiento de que se había comportado de forma irresponsable o

desconsiderado " . (REFERENCIA A Cleckley , la página 161.)

Cleckley utilizado esta y otras descripciones de caso para elaborar una lista de las características distintivas de los psicópatas . Estos incluyeron

encanto superficial , falta de fiabilidad, la falta de sinceridad , falta de remordimiento ,

el egocentrismo , la pobreza emocional, y una falta de seguir cualquier tipo de vida

plan. El perfil del " psicópata Cleckley " es el origen de

los enfoques actuales de diagnóstico , incluyendo el de Psicopatía de Hare

Lista de verificación.

En la Lista de Psicopatía , Hare distingue dos "factores" , que

están altamente correlacionados entre sí , pero que tienen diferente

los modelos de interacción correlaciones con otras variables. Factor Uno

representa los rasgos de personalidad característicos del síndrome : " egoísta,

uso cruel y despiadado de los demás " . Factor Dos refleja socialmente

conducta desviada : " crónicamente inestable , antisocial y socialmente

estilo de vida desviado " . Si se supone que el diagnóstico de ser un psicópata

para explicar la conducta antisocial , presumiblemente Factor Uno hace la mayoría de

el trabajo explicativo, como Factor Dos apenas va más allá de la lista

comportamiento que hay que explicar . Y los rasgos de personalidad de Factor Uno

son más relevantes a las preguntas sobre la conciencia. Los elementos de Factor

Uno son locuacidad y encanto superficial, un sentido grandioso de

la autoestima , la mentira patológica , siendo estafar y manipuladora , la falta

de remordimiento o culpa, emociones superficiales , siendo insensible y carente

la empatía y la falta de aceptación de responsabilidad por sus propias acciones .

(REFERENCIA A ROBERT D. HARE : LA LISTA DE VERIFICACIÓN Psicopatía de Hare

- REVISADO .)

Hay preguntas sobre cómo las personas terminan con un diagnóstico de

trastorno de la personalidad antisocial. Los que yo conocí era en Broadmoor como resultado de dos cosas : de haber cometido un delito grave y haber estado

evaluado como teniendo un problema psiquiátrico y no como un "ordinario"

castigo necesidad criminal. Hay preguntas sobre qué tan lejos

son diferentes de gente despiadada en la vida ordinaria , que logran

su camino , ya sea sin cometer crímenes o de lo contrario sin obtener

capturado. ¿Cómo se comparan con algunos de los políticos, empresarios ,

magnates de medios de comunicación , directores de instituciones académicas, capitanes de la industria

y otros que pueden también a veces estar mintiendo , cruel , manipulador

encantadores con un grandioso sentido de autoestima y poco remordimiento ? y

¿cómo se comparan con aquellos que han cometido delitos similares, pero

que son enviados a la cárcel en lugar de ver los psiquiatras ?

2 . AMORALISTS ?

Una pregunta obvia es hasta qué punto una persona con el récord de antisocial

Factor Dos, combinado con el locuaz estafar , personalidad, insensible de

Factor Uno debe calificar como de " desorden" en lugar de como

ser moralmente malo. ¿Podría la persona con la personalidad antisocial

trastorno de llegar a ser el " amoralista racional " que persigue

libros filosóficos de la ética ?

Por lo menos ya en Platón , los filósofos que escriben sobre ética tienen

en repetidas ocasiones trató de responder al reto de dar razones convincentes

nadie debería preocuparse por las afirmaciones de la moralidad. Una forma de este

desafío que se necesita es la demanda de los argumentos que refuten la

amoral . Pero esta construcción teórica , el " amoral " , resulta

ser un carácter resbaladizo .

La versión simple del amoralista es alguien totalmente egoísta y preparado sin piedad a pisotear a nadie más. Pero, debido a

la sociedad está configurado para impedir que las personas que actúan de esta manera, un ser racional

amoralista tendrán que operar en disfraz pesado. Para evitar legal

castigo o el ostracismo social , la persona interesada debe por lo menos

tratar de "pasar" como alguien que respeta los intereses de los demás .

Cualquiera que sea la actitud subyacente , el comportamiento , al menos, se vuelve menos

de una amenaza . Una segunda modificación resulta si el amoralista tiene

humano ordinario desea para las relaciones. Las relaciones más profundas

son incompatibles con ser abordado con un espíritu de auto- interés

cálculo . Así que algunos implicación emocional con especial otra

personas pueden hacer algunas grietas en la barrera contra el altruismo.

Como resultado de estas modificaciones , hay un pelado hasta el

núcleo conceptual de la amoralidad . La pura amoral " conceptual " no puede

ser egoísta. Él puede a menudo se preocupan por los demás y actuar hacia ellos

con benevolencia e incluso la generosidad. Pero lo hace porque él

quiere , no porque de cualquier pensamiento de que debía hacerlo o sobre

obligaciones morales. Frente a usos " morales" de palabras como "deber ser " ,

, "Mal" , "deber ", " obligación" de "derecho" , él va a reaccionar como Oscar Wilde

lo hizo cuando se le preguntó si él era patriótico : " El patriotismo no es uno de mis

palabras " .

Uno de los objetivos de estas entrevistas era ver a la gente qué tan lejos con antisocial

trastorno de la personalidad hacer o no convergen con cualquiera de estos tipos

de amoral .

3 . LAS PREGUNTAS DE LA ENTREVISTA Y las restricciones morales .

Las personas que están siendo entrevistados todos habían hecho algunas cosas terribles . la plan de entrevista comenzó a partir de un marco que utilicé para el trabajo previo sobre

la psicología de las personas involucradas en algunos de los grandes XX

atrocidades del siglo . Pensando en Auschwitz , el Gulag , Hiroshima o

el genocidio de Ruanda , hay una pregunta obvia : ¿cómo puede la gente

han traído entregaron a hacer tales cosas? Me acerqué a esto pidiendo

acerca de las restricciones en la vida cotidiana que impiden a las personas

torturar o matar a la otra. Propuse un conjunto de restricciones y

a continuación, se le preguntó qué les había sucedido en la Alemania nazi , Ruanda y otros

lugares. Estas entrevistas intentaron una estrategia similar. Cuando el pueblo

Estaba entrevistando cometieron sus crímenes terribles , fueron los normales

restricciones abrumados por otras cosas? Si es así , ¿cómo se les

abrumado, y por qué? ¿O eran estas personas sin la normalidad

restricciones ? De cualquier manera, lo que ocurría en su interior ? ¿Cómo piensan

acerca de lo que deben o no deben hacer?

¿Cuáles son los factores que , la mayor parte del tiempo , restringir la gente de

la crueldad , la violencia y el asesinato ? Un factor obvio es el interés propio .

La muerte de un competidor podría ser rentable. Atacar a un enemigo

podría dar satisfacción psicológica . Pero la sociedad está organizada de tal

manera pretende hacer que el costo demasiado alto. Normalmente, para la racional

personas con intereses propios , tales tentaciones se ven compensados por el riesgo de

desgracia social y del encarcelamiento a largo plazo.

Por supuesto , para la mayoría de la gente , el cálculo egoísta no es el

historia completamente . Brillantemente simple " anillo de Giges " pensamiento de Platón

experimento está diseñado para llevar a cabo esto . Si tuvieras un anillo que hizo

invisible , por lo que los crímenes no serían seguidos por el castigo y la desgracia , sería usted tiene alguna razón para no robar, no violar o no

para atacar a las personas que te antagonizan ? El anillo de Giges es un reto

detallar los recursos morales que tenemos : los motivos de restricción que

No son sólo sus propios intereses .

Estas restricciones morales están arraigadas en nuestra psicología . central entre

ellos son los que se pueden llamar " las respuestas humanas " . Somos capaces de

sentir compasión por otras personas. Aunque la respuesta puede ser

amortiguado o invalidados , podemos estar contentos por la alegría de alguien o

angustiada por su sufrimiento. Y tenemos una tendencia a mostrar otra

la gente respeta . Una vez más la respuesta puede ser amortiguado o sobre - montado . pero

el sentido de la mayor parte de nosotros tenemos de la dignidad de otras personas es una barrera

contra humillarlos . Estamos horrorizados de ver a alguien ser escupido

en . Estas respuestas humanas de simpatía y respeto están vinculados a

empatía : en nuestro imaginar lo que es como para que alguien más

experiencia de sufrimiento o humillación .

Otra restricción moral clave es el sentido de nuestra propia identidad moral.

La mayoría de nosotros tenemos una idea de la clase de persona que somos. A veces

tener una idea de la clase de persona que nos gustaría ser , junto

con los valores que dan forma a esa imagen. Incluso si la imagen no está bien

elaborado o es en parte inconsciente , que puede funcionar como una moral

moderación. Es posible que , al menos, conocer el tipo de persona que no queremos

ser, y esto puede mantenernos de volver de trabajar en el comercio de armas o

convertirse en un evangelista de la televisión .

Las preguntas fueron diseñadas principalmente para ver hasta qué punto éstos moral

restricciones estaban presentes en los hombres que entrevisté . Con el fin de hacer que el preguntas como amenazante de lo posible, que evitan preguntar " ¿tiene usted

un sentido del bien y el mal? "En vez le pregunté por qué lo harían

enseñar a los niños acerca de lo correcto y lo incorrecto. También me pregunté si, en caso de que

Conducía un coche , ellos aparcar en un espacio "discapacitado " , y cuál es su

razones eran para hacerlo o no hacerlo. Cuando me dijeron que no lo harían

aparcar en la plaza para minusválidos , la pregunta de seguimiento acerca de las razones podría

aprovechar su propio interés : " No me gustaría conseguir ruedas de apriete "

o " podría ser difícil si la gente notó " . Pero también existía la

posibilidad de encontrar algunos de los recursos morales : la simpatía por

personas con discapacidad, el respeto a sus derechos o incluso el sentido de la moral

identidad : "Yo no quiero ser el tipo de persona que fue tan malo

como para hacer eso . " Algunas de las preguntas estaban destinadas a explorar su sentido de

identidad moral : " ¿Cómo describiría el tipo de persona que usted piensa

usted está ? ¿Tiene usted una idea de la clase de persona que le gustaría

ser ? " Otros exploraron si había cosas que los hicieron sentir

culpable. Otros exploraron su comprensión de los conceptos morales como la

equidad.

Las personas entrevistadas todos tenían un diagnóstico de personalidad antisocial

trastorno. También habían sido declarados culpables de al menos un delito grave

como el asesinato o la violación. Antes de las entrevistas evité descubrir

qué crímenes que habían cometido , ya que no quería que mis respuestas y

vista de ellos para estar sesgada por este conocimiento. Y durante las entrevistas

Yo no le pregunté cuáles son sus crímenes habían sido. (A veces se

voluntariamente esta información sin ser pedido .) Pero , con el fin de

explorar su capacidad de empatía y simpatía, me hago preguntas a lo largo de las líneas de " Cuando usted hizo lo que fuera , ¿te imaginas lo

las personas con las que se sentía perjudicado ? ¿Podría usted imaginar cómo se sintieron ? ¿Te ha

se preocupan por cómo se sintieron ? "

Estas entrevistas son un pedazo de " investigación cualitativa " , un término que a menudo

en contraste con la "investigación cuantitativa" . Debido a que las preguntas no son

dirigidas a "sí" o "no" , pero son abiertas , estas entrevistas

no se prestan a los resultados cuantitativos. El objetivo ha sido un

comprensión intuitiva de cómo los miembros del grupo piensan de derecho

y el mal, sobre sí mismos y sus valores. La intuitiva

comprensión tal vez se puede comparar con la de un historiador intentando

tener una idea de lo que Asquith era como de sus cartas , o tratando de

tener una idea de la mente de Hitler a partir de los registros de su mesa de conversación .

Tales documentos pueden no prestarse a un análisis numérico , pero

todavía pueden ayudar a la comprensión del historiador.

Un pedazo de la investigación cualitativa a menudo plantean cuestiones que

requerir la investigación cuantitativa. En este estudio , por ejemplo , estos

entrevistas no se les da también a un grupo de control. Consideramos haciendo

esto, pero decidió en contra. Como un grupo de control que podría haber tenido un

grupo de estudiantes , un grupo de personas en un hospital psiquiátrico con un

diferentes diagnósticos , un grupo de soldados , un grupo de enfermeras , o un

grupo de personas en prisión. Diferentes grupos de control generarían

muy diferentes conjuntos de similitudes y contrastes . Cada posible

grupo de control se habría inclinado el énfasis del estudio en un

dirección diferente . Tener un grupo de control habría permitido

medición, pero nos pareció que las ventajas de este habría sido compensado por el efecto de inclinación . Queríamos un amplio panorama de esta

grupo , no una imagen principalmente de los contrastes particulares entre ellos

y , dicen , los estudiantes .

Pero esta situación, será plantear preguntas cuyas respuestas requieren

métodos comparativos y cuantitativos . Nuestros entrevistados eran

pacientes psiquiátricos. También fueron condenados los criminales violentos . ellos

también tenían el diagnóstico de trastorno de la personalidad antisocial. a

establecer la contribución distintiva de su diagnóstico de lo que

dijo que , por supuesto, requieren comparaciones cuantitativas con los de

las otras categorías sin el diagnóstico . La imagen aquí es un

dibujar. Su objetivo es , en parte para dar una sensación intuitiva para un grupo de personas

cuya propia manera de ver las cosas no es muy entendido , y en parte a

sugerir hipótesis que pueden ser probadas en estudios futuros.

Las entrevistas fueron "semi- estructurados " . Es decir, un conjunto estándar de

preguntas estaba en su lugar , pero no se adhieren rígidamente a . El objetivo era

algo más conversacional . La informalidad puede animar a la gente a ser

más próxima . Y , cuando alguien dice algo interesante , me sentí

libre de seguir hacia arriba , independientemente del plan original. Esto hizo que el

entrevistas incluso menos susceptibles a la cuantificación, pero espero que esto

inconveniente ha resultado ser compensada por el interés de lo que fue

dijo .

CAPÍTULO DOS: los contornos de una MORAL DEL PAISAJE .

PROFUNDIDAD MORAL Y superficialidad .

Uno de los temas de las preguntas fue acerca de qué tipo de cosas están mal,

y lo que los hace tan . (Por lo general, puesto en términos de lo que los niños deben enseñar, en un intento de hacer la pregunta menos amenazante o

acusando .) La cuestión aprovechado la gran variedad entre los

entrevistados en un continuo entre lo que podría llamarse la "profundidad " moral

y " superficialidad " .

La pregunta acerca de qué cosas están mal en ocasiones suscitó respuestas de

golpear superficialidad .

CQ : No deben jurar , ya sabes, hacer lo que tu madre te dice que

no , ya sabes, hacerlo bien en la escuela, cuando crezcas , tú sabes . ser

cuidado con quién se mezcla con . No hables con extraños , ya sabes. cosas

así ...

¿Qué es más malo - bullying o jurar ? Hm, insultos y la intimidación

está mal , tanto mal en mis ojos. Tanto la misma ? Si, tanto la misma .

(QUIGLEY 1,2 .)

IQ : Pero me dijeron que me he marcado un estándar bastante alto moralista .

¿Qué puede decir acerca de sus altos estándares morales ? Bueno,

Tampoco jures delante de las mujeres.

Soy respetuoso. Quiero decir que yo creo en la apertura de puertas , y si un

mujer está caminando a lo largo , ya sea un paciente o un miembro del personal , que dejó

a pasar por la puerta primero , y cosas por el estilo ...

(QUESTOR 6 .)

Otros eran bastante inarticulado cuando se le preguntó a ir más allá de la oferta

cosas específicas que pensaron mal y dan razones para los artículos que son

en la lista . Pero a veces un punto de vista más general (como " cosas que vosotros

no le gustaría si fueron hechos para usted "o" cosas que a la larga

de marcha no te hará feliz ") surgió .

QA: Un día le compré a mi esposa una docena de rosas rojas y los puse en la parte superior de

la televisión para cuando vienen y cuando mi hijo los ve él cortó

ellos con un par de tijeras . Bueno, yo no lo castigarán . Mi esposa

le reprendió . Si usted hubiera estado hablando con él, ¿qué quieres que

querido transmitir ? ¿Qué crees que los niños se les debe enseñar acerca

bien y el mal ? No salir robar. No ir a pelear y

sólo a pie . Se necesita un mejor hombre de a pie que de pie

y luchar. No para salir y llamar a la gente nombres y todo eso. Sin

meter en problemas , de verdad. Pero si te ibas a traer a sus hijos ,

se podría pensar de ellos diciendo estas cosas ... No deben cortar las rosas apagado,

no deben gritar después de que otras personas. Suponiendo que los niños , dijo ,

"Lo que hace todas estas cosas mal? ¿Qué es lo que tienen en común

que les hace mal? Bueno , es sólo abusivo, eso es todo. Es sólo

abusiva ... ser abusivo todo el tiempo. Suponiendo que traerías un

niño y dice: " Usted me dice que todas estas cosas están mal, pero lo que

les hace mal? Lo que hace todas estas cosas - el robo y la mentira y el

abusar de las personas - lo que los hace todo mal ? Bueno, que les hace mal

- Que no es de su propiedad. Pertenece a otra persona. Alguien más tiene

comprado o construido o había dado, o algo así, y

que no es de su propiedad. Es su posesión. Es de ellos . ¿y

gritando a los ancianos ? Lo que hace mal? Gritando después de viejo

personas? Bueno, me parece que eso es mickey- tomar más que nada. Eso es

mal, abusando de la gente mayor . Las personas mayores no se conviertan redonda y comienzan

gritando , golpeando , pero se utiliza para castigar a mis dos niñas cuando

solían gritar a la señora Hopkins que vivía al lado. tenía

dos palos y que solía tomar el mickey de ella ... Un día

podría ser el mismo y alguien podría empezar a gritar a usted y cómo

le gustaría eso?

(ASH 2 , 3 .)

¿Cuál es la diferencia entre la profundidad y la superficialidad aquí ? Profundidad lata

provenir de una reflexión seria sobre por qué las cosas son importantes. Esta reflexión

podría ser de uno mismo . ¿Qué clase de vida es lo que quiero llevar y por qué?

¿Qué tipo de persona quiero ser ? Puede ser que sea la religión o

la sociedad . Nada de esto implica necesariamente una gran preocupación para otros

personas. Por otro lado la profundidad puede venir , no desde la reflexión , pero

de un sentido intuitivo para otras personas y para lo que les importa .

La pregunta acerca de cómo le gustaría que si alguien empezó a gritar

por lo que tiene por lo menos un poco de profundidad . Pero el énfasis en dejar que las mujeres van

por la puerta primero y al no jurar son poco profundos , porque

convencional . Ellos no muestran señales o bien de una reflexión sobre las razones o de

una idea de lo que realmente afecta a las personas . Esto se aplica más claramente a

la opinión de que jurar y la intimidación son igualmente malas .

El interés propio y el Anillo de Giges .

Allí estaba la cuestión de qué principios de la selección , en su caso , se

estaban usando . Se les preguntó por qué iban a enseñar a los niños a hacer algo

cosas y no hacer otras. Algunas razones por las que oscilaron entre

hizo un llamamiento a las ideas del bien y el mal o la preocupación por otras personas

y razones apelando al interés propio . El énfasis estaba en gran medida de

el interés propio.

Cuando estás hablando de los niños más pequeños , por ejemplo niños de aproximadamente 6 o 7 , ¿qué les enseñan bien y el mal ? Z.C : Bueno,

les enseñaría ... por no portarse mal , no robar . Les diría que

las razones , sin embargo. No me acaba de decir a ellos -no robar , porque

que está mal . Les diría que la razón. Porque si te roban , el

policía atraparían eventualmente , podrían encerrarte y usted

sufriría . Yo les diría de ese modo. ¿Conoces alguna otra

razones? Bueno, eso está mal. Yo les explicaba - ¿cómo te

como alguien para robar su propiedad? ¿No te gustaría . Así que no robar

la propiedad de otras personas. Y también porque es importante - ¡serás

encerrado , encerrado en la cárcel y el bienestar de sufrir. Usted pierde su

libertad.

(Crinos 1 .)

Otros dieron razones que atraían simplemente para su propio interés.

¿Qué le enseñas a ellos es correcto y lo incorrecto ? ¿Qué tienes en

la mente? NB : Um , enséñeles a no hablar con extraños, um, no entrar en

el lado equivocado de la ley , violan la ley , um , enseñarles cosas que

Me he pasado, enseñarles a no hacer lo que hice , el tipo de cosas, así

enseñarles diferente. Obtener una buena educación, conseguir un buen trabajo . suponer

que estaba enseñando a sus hijos a no hablar con extraños, conseguir un buen

la educación, para no romper la ley. Ellos a su vez ronda a la edad de 13 y

dice: "Bueno , está bien, está diciéndonos todo esto, pero ¿por qué ? ¿Cuál es la razón

detrás de todo esto ? ¿Qué le dirías ? Um , [largo silencio] Porque necesitas

un puesto de trabajo en la vida y una buena educación en la vida para llegar a ninguna parte . Si

no lo hace, entonces usted sólo va a ser um, en el paro , viviendo en albergues y bedsits para las edades , ni dinero , apenas ropa, no pueden conseguirse

una buena comida. Y es por eso que necesita una buena educación y un trabajo, y

cuando estás en el paro y viviendo en una hab , y no tienes nada

a su nombre, entonces empiezas a robar en tiendas, alimentos de las tiendas. usted

quedar atrapado , te metes en problemas con la ley. Así que en realidad estás diciendo

cómo tener una vida feliz? Sí .

(NEGRO 2 .)

Cuando los resultados de ser descubierto son tan prominente entre los motivos ,

es natural preguntarse cuál es la pregunta sobre el anillo de Giges se

suscitar . Algunos , como es comprensible , eran un poco tirado por ella. A veces

era difícil estar seguro de hasta qué punto sus respuestas reflejan una verdadera actitud

y en qué medida reflejan la necesidad de decir algo como respuesta a

preguntas que encontraron difícil y tal vez de presurización .

En general se piensa que la gente debe hacer lo correcto ? L.F : Si. incluso

si pudieran salirse con la suya haciendo las cosas mal ? ¿Cuál es la razón

para hacer lo correcto , si usted puede conseguir lejos con no hacerlo ? decir

otra vez? Bueno, supongamos que usted podría conseguir lejos con no quedar atrapados ,

¿cuál es el punto de preocuparse por hacer lo correcto ? Bueno,

no sé [se ríe] para ser honesto. Um , depende , no sé , me

No lo sé. Había una vez un filósofo que dijo que , si tuviéramos un

anillo que nos hizo invisible, habría una pregunta acerca de si

tenemos que preocuparse por la moralidad en absoluto ... ¿Qué pensaría usted de

alguien que dijo: "Bueno , no es necesario que preocuparse por la derecha y

mal, si somos capaces de salirse con la suya , porque de ser invisible " ? yo

dunno . ¿Se sentiría usted tenía alguna razón para hacer lo correcto ? No, no realmente. Usted podría robar pero estabas invisible para que nadie vea

que eres tú. Lo harías ? Bueno, supongo que sí.

(FARLEIGH 12 .)

Otros no estaban tan arrojados por la pregunta. A menudo, la primera respuesta es

para dudar de la verosimilitud de lo que este tipo de experimentos mentales de cuento de hadas

asumir. ¿Le invisibilidad realmente una protección fiable contra

ser atrapado ?

El filósofo griego Platón tenía la idea de que , si tuviéramos un anillo que

nos hizo invisible, habría una pregunta que tuvimos alguna razón

no robar . Si tuviéramos un anillo que nos hizo invisible, que nunca habíamos ser

capturado. ¿Habría alguna razón para no robar , entonces? Z.C : Say

eres invisible , puede salirse con la suya quizás cien veces.

Pero con el tiempo que le suss - alguien que es invisible es

haciendo esto y que probablemente serán más ... mirar hacia fuera para ... por lo que tendrá

quedar atrapado en el final? Sí ... Ellos suss que alguna persona invisible

está haciendo esto. Hay algunas películas donde se muestran las personas invisibles y

finalmente que los atraparon .

(Crinos 7 .)

Pero la siguiente respuesta fue a menudo a pensar que una versión efectiva

eliminaría cualquier problema sobre el robo , aunque los detalles de este

línea de pensamiento era a veces extraño .

Pero si pudiera salirse con la suya - si realmente podía salirse con la suya

para siempre - suponiendo que yo sólo sabía que podía salirse con la suya , se

que haya algún problema en hacerlo , entonces? Z.C : No lo haría. No, tú eres

derecha. No habría un problema. Si fueras invisible y, por ejemplo , mantuviste matando gente y que no podía ser capturado , luego con el tiempo , y

usted sería la única persona en el planeta , y que sería solo por

usted mismo si usted mató a todos.

(Crinos 7 .)

Una opinión fue que llevaba el anillo de Giges no paraba de actos que son

equivocada , pero que la falta de consecuencias para el usuario significaría la

incorrección no importaba.

Si un niño tenía ese anillo , ¿qué les enseñan ? ¿Habría

cualquier cosa que ... JF : estar por encima de la ley , un paso por encima de la ley. Ojalá

esas cosas que todavía sería un error , aunque siempre se puede conseguir

acabar con ellos ... Sería un error , sí , pero si pudiera salirse con la suya

, usted sería un paso por encima de la ley. Entonces , eso es todo ¿no? Eso es

bien , sí.

(FALL 2 .)

Para algunos, el anillo tendría los resultados que eran mejor que " todo

derecho " . Sería una oportunidad maravillosa.

Si tuviéramos un anillo que nos hizo invisible , ¿habría una razón para

preocuparse acerca de lo correcto e incorrecto ? Debido a que aún se podía tener una buena

vida, porque nunca te pillan ? N.B : Ese sería mi perfecta

soñar , que lo haría. Eso sería tu sueño perfecto. Sería, sí.

Si usted acaba de hacer cualquier cosa , podía tener cualquier cosa ... Y qué hiciste eso ?

Me gustaría, sí .

Si usted puede obtener una buena vida haciendo cosas que están mal , porque

usted no puede quedar atrapado , entonces no habría ningún problema ? ... Yo creo ,

porque sabía que podía salirse con la suya , pero se puede usar el anillo de una manera donde no se podía simplemente hacer las cosas mal , pero tener una buena vida

de usar el anillo también? O.K , ¿cómo usar el anillo para un

buena vida? Um , casas, coches, barcos , vacaciones. Esto sería tomar

estos coches y los barcos y las cosas, ¿verdad ? Oh , sí , que sería ,

sí.

(NEGRO 3 .)

Sin embargo , no todo el mundo comparte el entusiasmo general por el anillo. uno

pensó conciencia seguiría funcionando.

Si pudiéramos hacer invisible ... no tendríamos ninguna razón para molestarse

sobre el respeto a los derechos de los demás , porque nadie lo sabría

nosotros era . ¿Qué piensa usted de eso? B.F : Er , creo que si usted tuviera la

psicópata final sin conciencia , entonces usted puede salirse con la suya ,

Sí. Pero yo no creo que haya alguien aquí que ... No me puedo imaginar ,

quizás hay , que hay alguien cuya conciencia permitiría

a salirse con la suya . O, no sé , suena , si estuviera en

el tipo de posición en la que quieres hacer eso , um , yo podía adivinar que

no sería más que contentos con hacerlo.

(Fellows 3 .)

AMORALISTS ?

En las entrevistas , el entusiasmo (muy extendida, pero no universal) para

los efectos liberadores del anillo de Giges sugiere cierta afinidad

con el interés propio de despiadados sencilla amoralidad . Esta equipado con

expectativas que tenía , basado en el estereotipo sobre " carece de un

conciencia " . Pero , en contra de ese estereotipo , su perspectiva no encajaba

el núcleo conceptual de la amoralidad : la falta de comprensión , o la rechazo , el vocabulario de los conceptos morales . En su mayor parte ,

que no habían abandonado (o dejado de adquirir) el vocabulario moral de

correcto e incorrecto, bueno y malo, justo e injusto. Y cierta moral

conceptos y pensamientos , en particular, estaban profundamente arraigados en la

perspectivas de muchos de ellos .

JUSTICIA Y DERECHOS respetando .

Entre los conceptos morales que tuvieron una fuerte influencia en la mayoría de los

entrevistados fueron la equidad y el respeto a los derechos de las personas. a veces

respetando los derechos estaba vinculada a dejar que las personas viven sus propias vidas

y la justicia se veía como la igualdad de trato . Estos se combinan en la idea

que los diferentes grupos, como los hombres y mujeres, deben ser igualmente libres

a vivir su propia vida.

ZC : En el caso de mi hermana, me gustaría que ella dio a luz al bebé,

porque me gusta tener un montón de sobrinos y sobrinas . Pero no es hasta

a mí. Quiero decir, yo no puedo ir y decirle a mi hermana -oh , vamos, usted tiene la

bebé, te guste o no. Yo no puedo hacer eso . Todo depende de mi

hermana. Todo depende de la persona. Así que uno de sus valores es respetar

los individuos ? ¿Qué otros valores cree usted que tiene? ¿Quién, yo ? Sí.

Valores , ¿eh ? [larga pausa] Bueno, yo hablé con un psicólogo mucho tiempo

hace . Yo sí creo en - sí creo que las mujeres deben ser lo más iguales

son los hombres. Creo que las mujeres se les debería permitir hacer lo que el trabajo de los hombres

hacer - se les debe permitir hacerlo así . Si son buenos en eso ,

se les debe permitir hacerlo. También creo que la mujer -I

Es decir, si la mujer sale y tiene un montón de relaciones sexuales con hombres, algunos hombres

la llamaría una zorra . Pero no estoy de acuerdo con eso. Los hombres les gusta ir y tienen un montón de relaciones sexuales con mujeres , por lo que una mujer debe ser permitido tener

mucho sexo con hombres . ¿Es esta una cuestión de justicia ? Es , sí. ¿Qué

es la justicia ? ¿Qué significa ser justo o injusto ? Igualdad de

a todo el mundo . Lo que sea que se les permita ser , los demás deben ser

permitido vivir .

(Crinos 4 .)

A veces la preocupación por la equidad y de los derechos estaba ligada a

conciencia imaginativa de cómo otros pueden sentir cuando son tratados injustamente

o cuando se ignoran sus derechos. El hombre cuya conciencia no lo haría

dejar que se salga con el uso del anillo de Giges hizo un llamamiento a la imaginación

aquí .

Cómo llevar su coche para conseguir los alimentos, ¿qué haría si había una

escasez de espacio y había una plaza para minusválidos , tendrían que aparcar en

la plaza para minusválidos veces o no? B.F : No. En absoluto ? No, en absoluto ,

No . ¿Por qué no ? Er , porque no hay una razón específica. El impedido tiene

problemas con la movilidad, y usted sabe que no habría nada me detiene

aparcar muy lejos y caminar con el carrito ... pero algunas personas

tener

a .. necesitan sillas de ruedas, lo que sea, para moverse ... o andadores , así que

¿no , sería muy injusto , um ... Injusto ? Sí , en cualquier potencial

persona con discapacidad que quería usarlo. Sí. ¿Cómo se decide lo que es

justo y qué es injusto ? Um , supongo que parte de eso se debe a , haría

que provocan malestar , crean problemas a alguien? Sí. Y , eh, que

Sabes, es mirar los pros y los contras de cualquier decisión supongo , eh , sí

me ahorraría tiempo y esfuerzo si aparqué allí, pero la cantidad de esfuerzo y tiempo a una persona discapacitada perdería superarían masivamente

que . Así que es en parte una especie de felicidad más grande para el mayor número

tipo de problema , (o por lo menos la miseria) ? Um , en parte , pero no es el único justo

que . No. ¿Qué más es? Um , supongo que en parte es lo que siento por

de todos modos. Cuando usted dice " cómo se siente " , ¿qué tienes en mente? Um ,

así que supongo que nadie ha experimentado en algún momento las personas con discapacidad

siendo ignorados , sus derechos ignorados , y la forma en que puede hacer

ellos sienten. Y si estás muy feliz de simplemente poner con eso, entonces ,

er , probablemente no tendrá mucho de un problema con el uso de su

plaza de aparcamiento , pero , eh, si no lo eres, entonces ...

(Fellows 1,2 .)

Pero este llamamiento a la imaginación era raro . Para la mayoría de los entrevistados,

mientras que el respeto de los derechos de la gente fue importante , no fue

particularmente vinculado a ninguna empatía o sentimiento de simpatía para las personas

cuyos derechos son invalidados .

¿Crees que está mal para aparcar en un espacio con discapacidad? O.A : Sí, lo sé .

¿Por qué es malo? Debido a que puede haber alguien que viene a utilizar

el espacio que está desactivado y no se puede aparcar allí . No es lo que yo haría

hacer. ¿Eso es porque sientes lástima por la persona con discapacidad ? No, es

porque las personas con discapacidad tienen derechos al igual que las personas normales . Sí ,

es sólo respetando sus derechos? Sí, yo respeto sus derechos básicos.

(Addison 1 .)

Vale la pena explorar este fuerte compromiso con la equidad y la

respeto de los derechos , pero que no surge de la simpatía imaginativa

con aquellos tratados injustamente. Es una característica dominante de esta moral paisaje. ¿De dónde viene?

FUENTES DE LA MORALIDAD SIN simpatía.

Una entrevista sacó un motivo para respetar los derechos de las personas que

la apelación de Hume se hizo eco a la estabilidad y otros beneficios que vienen

de los convenios mutuos tácitas de respetar la propiedad de los demás.

Q.A : No hay robos en absoluto. Nunca he oído hablar de un paciente

robar a otro paciente en este hospital. ¿Por qué crees que

es ? Bueno, supongo que se respetan mutuamente . Tengo una tele , tengo un

periquito , un walkman , todo ese tipo de cosas . Y yo dejo mi puerta abierta.

Cada paciente que ya tiene el mismo tipo de cosas . Hacen un poco

de intercambio, rodar y tratar entre sí , pero no

ir robando unos de otros. Usted ha mencionado sobre el respeto a cada

otra . ¿Respeta la gente mucho ? Yo respeto a la gente si me hablan

y me tratan bien. Si no lo hacen , simplemente ignorarlos. No voy a tener

nada que ver con ellos. Yo no quiero tener nada que ver con ninguna

alborotadores ni nada de eso ahora ...

(ASH ? 7 ? 8 .)

En el hospital no parecía haber un conjunto de convenciones tácitas que

fue más allá de respeto a la propiedad .

En el hospital de aquí es que hay una especie de código moral que la gente obedece

acerca de lo que haces con los demás, cómo tratas a los demás y así sucesivamente,

o no? ¿Hay cosas que la mayoría de los pacientes estarían de acuerdo estaban equivocados

cuando alguna persona hace a otra paciente? J.Q : Sí, creo que sí.

No hay nada realmente dicho o escrito , pero es una especie de

generalmente aceptada de que , sin que nada nunca se dice, de lo que es y lo que no se hace. ¿Cuáles dirías que son las cosas en esa moral

código? Um , quiero decir , como, la homosexualidad , en Aceptar privado , en público , no.

Cosas como esas , ya sabes ...

Es una suerte de regla aceptada que no pregunta a la gente acerca de su

historia ni nada de eso .

(Quirk, 12-13.)

El crecimiento de un acuerdo de este tipo requiere una cierta idea de lo que otros

es probable que quieran y cómo es probable que se comporten como respuesta a

el entendimiento tácito se mantiene o se rompe . Sin embargo, tener empatía por ,

o preocuparse por los sentimientos de los demás no es esencial. este

estrategia es en el mejor de un paso mínimo de distancia de sus propios intereses

amoralidad .

La simpatía no es la única ruta lejos de amoralidad . La mayoría de las personas

perspectiva moral proviene de una variedad de fuentes . Algunos están vinculados a

simpatía y otros no. En las entrevistas , tres no elementos

vinculado a la simpatía jugó un papel importante . Uno es lo que puede llamarse

" Moralidad comando" . Los otros dos son versiones de equidad, una basada

en lo que puede llamarse " la igualdad primitiva " y la otra basada en lo

la gente se merece .

MORALIDAD DE MANDO .

Un ejemplo de comando de la moral se encuentra en las versiones autoritarias de

religión : " esto está mal , porque Dios lo ha dicho , y no hay espacio

para continuar el debate . " Otra versión es la actitud que muchas personas

tienen a la ley de la tierra : "no es para mí juzgar si el

razones de una ley son buenos o malos ; Esto es ilegal y así debe ser no se puede hacer " . La frase de Immanuel Kant "la ley moral" pone de manifiesto

paralelos entre su moralidad secular y divina y

Leyes parlamentarias . Algunos se han quejado de que su enfoque tiene un

dependencia oculta en la idea de un legislador divino estos críticos piensan

todavía se esconde detrás de la ley moral supuestamente secular. Y , mirando a

sí la moral religiosa , Freud famoso vio , acechando a su vez detrás

el legislador divino, los comandos y los reproches de un niño de real

padre. La inspiración divina " voz de la conciencia " era , en su opinión

el eco de la voz internalizada parental inductores de culpa .

Ninguno de los entrevistados mencionó a Dios o que haya dado motivos religiosos en

apoyo de sus creencias morales , y sólo había uno de ellos que

incluso podría haber oído hablar de Kant. Cualquiera que sea la base de verdades o ilusiones

sus distintas versiones teóricas , comando moralidad era una presencia en

las entrevistas. Como era de esperar , los comandos de los padres fueron la importante

queridos, como en el caso del hombre antes citado que pensó la intimidación y

toma de posesión eran igualmente equivocado :

¿Por qué está jurando mal? C.Q : Bueno, es sólo la forma en que fui criado

arriba, no insultar a la gente . Es la forma en que mi papá y mamá me criaron ,

usted sabe . Nos educaron en cuanto a lo que estaba mal y lo que era justo

y que , ya sabes. " ...

(Quigley, 1,2 .)

Otros insinuaron la patria potestad como la razón para la celebración de

creencias particulares . En un caso , esto se combinó con la Reina

ha sido central para algunos de sus contenidos. Posiblemente siendo criado con

una moral de comandos anima una voluntad general de aplazar a los visto como quien tiene autoridad .

LN: Creo que la pena de muerte para ciertos delitos debe ser

obligatoria. Por qué delitos ? El asesinato de los niños , asesinando a la gente

bajo edad de las 16 , er , incendio provocado con la intención de peligro, incendio premeditado de su

Majestad propiedad, incendio provocado, como incendios provocados en cualquier lugar donde la Corona de

a amenaza ... Si tuviera que [ser en] Portsmouth y tratar de prender fuego a una

de fragatas de su majestad que se debe colgar por ello. Porque es incendiario

de muelles de Su Majestad.

Supongo que lo que usted dijo que me sorprende más es la cosa

sobre " la gente debe ser ejecutado por incendio de su Majestad

propiedad " . Eso hace que suene como si , si alguien está en la cárcel y

prendieron fuego a una de las papeleras , que es Su Majestad

prisión ... Eso no es un incendio provocado. Quiero decir, como incendiaron , como intento configurar

fuego a, por ejemplo , el Palacio de Kensington , prendieron fuego al Palacio de Buckingham ,

Clarence House , el Castillo de Glamis . ¿Por qué hacer una diferencia si se trata de

uno de esos palacios en lugar de sólo un bloque de pisos ? Debido a que es

propiedad de la Reina, propiedad de la Reina. ¿Qué tiene de especial el

Queen ? Es la forma en que me crié , respetar la Corona , respetar la

uniforme , el respeto a la familia real. Si digo que no estoy tan interesado en

respetando a la familia real , ¿me puede dar una buena razón por la que

debería? ¿Dónde estarías sin ellos? .. Yo diría que a usted, usted tiene que

mirarlo, sin la reina que no va a tener una manera decente de

vivir ... Yo lo veo , quiero decir, la forma en que he sido educado , la Reina ,

¿cómo puedo decirlo , la Reina es el número de una persona, ¿sabes lo que

decir, después de ti mismo. Ya sabes lo que quiero decir , usted se tiene , y entonces usted debe respetar la monarquía porque los aspectos de la monarquía

que ... [A] buen ejemplo es el príncipe Carlos. Está involucrado en

conservación , está involucrado en el arte ... No es como , a pesar de que es

real , tomará tiempo para sentarse , hablar con usted, y probablemente entiende

usted mejor que usted mismo, probablemente. No estoy seguro de lo que él

me entiende mejor que yo a mí mismo , pero .. Pero tiene más

experiencia ... No sé , es sólo la forma en que me han criado .

(NICHOLSON 5 , 6 .)

Esta deferencia a la autoridad a veces combinado con ideas sobre

lealtad a su propio país. El resultado fue un "derecho o mi país

creencia equivocada " en la obediencia incondicional a las demandas de patriotismo.

Algunas personas dicen que hay un problema con el ejército es que usted tiene que

obedecer las órdenes , a veces matar a la gente si hay una guerra , y es posible

no ser adecuado para hacer eso siempre . O.A : Para defender su país, sí , también

derecho que es. En la guerra, ¿es correcto ? Sí, claro que lo es . Usted no es

sólo la defensa de su patria, que está defendiendo a las mujeres , la

los niños , las personas en ella. Usted está defendiendo su derecho a ser libre. lo

toma dos lados para hacer una guerra, y un lado defiende y el otro

lado está atacando . ¿Se puede confiar siempre en nuestro lado para ser los que

están defendiendo ? Si usted es británico , se pone de pie para el Reino Unido , ya sea

bien o mal. Eres parte de ese país. Si Gran Bretaña dice: " Bien,

Estoy en guerra con este grupo " , no discutas . Usted acaba de decir , " Fair

suficiente "y" Vamos a hacer lo que tenemos que hacer. "

(ADDISON 5 .)

IMPARCIALIDAD IGUALDAD COMO PRIMITIVO .

Otra fuente de creencias morales que no dependen de la simpatía es el

sentido de la justicia . Una versión de esto está la preocupación es por la igualdad

tratamiento . La mayoría de los padres saben la profunda pasión que despierta la desigualdad

en los niños. A una edad muy joven, lo que podría ser llamado "primitivo

igualdad " parece profundamente arraigada. Cualquier persona que tiene tres hijos y

tres porciones de pastel , y que los distribuye en forma distinta a la

la más obvia , pronto se encuentra con la pasión en ello .

En una serie de entrevistas, el firme apoyo a la igualdad de trato

parecía relacionada con esta igualdad primitiva. Llama la atención que uno

referencia se remontaba a la infancia, cuando un niño se le dio el bolsillo

dinero y uno no lo era.

NB : la injusticia puede ser , eh , mi mamá me dio el dinero de bolsillo , pero no es mi

hermana. Eso es injusto también. Así que la equidad es el tratamiento de las personas de la

mismo ? Sí , a ser tratado por igual a la otra persona ... Así que te daría

£ 1.50 y me doy la otra persona £ 1.50 por lo que es igual por lo que es justo.

Él no está haciendo más que tú.

(NEGRO 10 .)

EQUIDAD COMO LO QUE MERECEN , y la retribución .

Una versión de la justicia es lo que la gente se merece : que la gente

debe ser recompensado o castigado , culpado o alabado, de acuerdo a lo

que han optado por hacer . La profunda injusticia del castigo inmerecido

era un tema en varias entrevistas .

¿Qué es la justicia y lo que es injusto ? N.B : Injusticia es como cuando

alguien se culpa por algo que no han hecho realidad . He estado

acusado de cosas que no he hecho en realidad y eso es injusto ,

También hubo un fuerte sentimiento de injusticia cuando no se habían dado a otros

ellos el apoyo y la lealtad que pensaban que merecían.

¿Cree usted verá nada de su familia, o son realmente

fuera de la foto ? Q.A : Bueno, sólo tengo una hermana se fue. Yo estaba en

tocar con mi esposa el año pasado porque mi hijo murió . Creo que la última

vez que oigo de mi esposa fue hace 16 años, y se llevó a mi hijo a morir

para ella estar en contacto conmigo. Me fui a casa a verla durante el día

después del funeral. Un par de meses más tarde nos fuimos a casa . El personal

me llevó a visitar a mi esposa para el día y mi esposa y yo subí a

la tumba. Luego volvimos al piso y ella dijo : "Yo tengo todo el

pintar y el fondo de pantalla y todo lo que en el interior listo para cuando venga

casa " . Le dije: " No voy a volver a casa" . Después de 16 años , que no ha sido

en contacto conmigo y porque mi hijo murió y ella está sola ahora,

me quería de regreso . Después de 16 años en los que he estado encerrado . Eso no es

justo.

(ASH 7 , 8 .)

La importancia de lo que la gente merece no sólo era algo que

surgido en el contexto de la culpa inmerecida o abandono en su

propias vidas . Se formó una gran parte de su pensamiento sobre más público

asuntos. Por ejemplo, se sugirió que , mientras que los homicidios cometidos por la

Gemelos Kray no estaban justificadas , fueron al menos mitigados por la

pensaron que sus víctimas podrían haber conseguido lo que se merecían.

J.F : Los Krays sólo mató a su propia cuenta. No mataron a inocentes

personas. Ya veo. ¿A quién mataron ? Ellos mataron a Jack " El Sombrero " McVitie

y George Cornell . George Cornell estaba con los Richardson . la

Richardsons utilizan para torturar a la gente y George Cornell fue siempre

gritando su boca fuera de Ronnie Kray , llamándolo un puf de grasa y

eso y este negocio, diciendo lo que no le tenía miedo a los Kray y

que son chulos y gritando su boca fuera . Y trabajó con el

Richardson y él era un gángster sí mismo. Así que Ronnie Kray le disparó en

la cabeza. Él sólo estaba matando a otro gángster . Y Jack " El Sombrero "

McVitie - se suponía que debía estar con los Kray pero siempre fue

gritando su boca fuera que él iba a conseguir los Kray ... Empujó un

mujer fuera del coche y ella tenía su columna vertebral se rompió y no podía caminar

de nuevo y los Kray tenido que cuidar de ella. Le dieron dinero para que ella

podría estar bien económicamente, y esto Jack " El Sombrero " McVitie fue

causando nada más que problemas . Él estaba haciendo los Kray sin dinero y

gritaba su boca fuera . Así que Reggie lo mató. Él lo apuñaló a

la muerte . ¿Eso lo hace todo el derecho a matarlo? No tiene que

derecho , no, pero él sólo mató a personas equivocadas. Él no mató a inocentes

personas. ¿Qué pasa con las personas que matan a personas inocentes ? Lo que se hace

creo que debería ocurrir ? Eso es malo. Creo que se deben colgar .

(CAER 4-5.)

Había un montón de apoyo a la pena capital.

¿Por qué debemos pensar que está bien matar a alguien porque no tienen

cometido estos crímenes? L.N : Debido a que es inhumano hacer cierta

cosas así. Yo lo veo así , esta es una de mis opiniones,

cualquiera que pueda hacer daño al niño ... no merece vivir. Esa es mi

opinión, la forma en que he sido educado . Quiero decir que si haces daño a un niño,

-boom , ya sabes lo que quiero decir , no castigar a un niño y luego

Hay sólo salir de su manera de hacer daño a un niño. Eso está fuera de

orden. Algunas personas dicen que dos errores no hacen un acierto . Eso es

terrible de matar a un niño , pero también es terrible de matar a la persona

que mató al niño? Usted no está de acuerdo con eso? Es sólo la forma en

He traído a mi mismo , de verdad , ¿sabes lo que quiero decir . Aunque estoy

un católico devoto , sigo pensando que la pedofilia es el peor crimen en el

mundo , y sólo hay una frase para que - la muerte ...

(NICHOLSON , 5 o 6.)

A veces, las razones que apoyan fueron sorprendentemente poco profundas , pero esta

podría combinarse con un fuerte sentido de la injusticia de la inocencia

personas que están siendo ejecutados.

NB : Creo que los delincuentes graves deben ser ejecutados. ¿Por qué crees

eso? Um , yo sólo miro a Inglaterra. No hay espacios , no hay presos

en todas partes , hay malhechores colgados alrededor y eso, y pensad

que si hubo ejecución entonces, más la ejecución de lo normal , creo que

que sería un mundo más tranquilo para vivir Algunas personas dicen que uno de

los problemas con la gente de ejecución es que las personas que son inocentes

a veces erróneamente quedar condenado. Sí, creo que , OK , sí , creo que

entonces la ley debe asegurarse de que usted tiene 100 % a prueba antes de la ejecución .

Sí, pero no siempre se puede obtener el 100 % a prueba . No, no puedes.

Algunas personas dirían , " Bueno, si es enormemente reduciría el asesinato

tasa , no importa si algunas personas se ejecutan debido a que menos personas mueren

en general " . ¿Diría usted que es correcto o qué crees que sucede? yo

Creo que eso es incorrecto. ¿Por qué? Debido a que sólo están matando a gente inocente.

Por lo que terminan siendo los propios asesinos . Así que es injusto? Sí .

(NEGRO 10 .)

A veces, las ideas de lo que hizo alguien merece ejecución estaban ligados

con una red de otros puntos de vista morales distintivos .

OA : Si un hombre asesina a un hombre , a continuación , en la medida que a mí respecta , eso es

aceptable, porque un hombre puede defenderse . Si alguien ataca a un

hombre de la parte delantera, o dos hombres tienen una pelea y uno de ellos muere ,

alguien lo golpea y él se cae y muere , eso es aceptable porque

que han tenido una pelea y, accidentalmente, ha muerto alguien. Si sales

con la intención de matar a alguien, entonces usted debe perder su vida.

Si usted mata a un niño que pierde su vida.

(Addison 8 .)

A veces , aunque raramente , el apoyo a la pena de muerte estaba relacionada con

remordimiento por el propio pasado de la persona y de simpatía por sus víctimas.

Algunas personas piensan que está mal tener la pena de muerte . Lo que se hace

pensar ? QA : En algunos casos , sí, y en algunos casos -no. Qué casos

sería " sí" ? Ha habido gente inocente eléctrica presidida y la

culpable se descubre más tarde. En violación no debería ser el abedul - dar

ellos el abedul o gato de nueve colas - en el caso de violar . En el

caso de asalto sexual en los niños, la misma y que debe ser

castrado . En el caso del asesinato de hecho , estoy de acuerdo con la horca.

He matado a dos veces y dos personas , y nunca lo olvidaré. Lo hice no sólo

lastimarlos. Me duele su familia mentalmente , no físicamente sino mentalmente ,

y sus seres queridos .

(ASH 5 .)

Un fuerte compromiso con la retribución y el desierto podría llevar a las personas en diferentes direcciones . La preocupación por la ejecución de inocentes

gente llevaba uno de los entrevistados para rechazar la pena de muerte , a pesar de que

También pensó que, cuando alguien se merecía el castigo , una organización privada

respuesta violenta podría justificarse .

LF: Digamos que usted tiene a alguien que es ... golpeando y burgling , golpeando a

ancianas y tomar todo su dinero . La policía no ha conseguido suficiente

pruebas de convicción y están sentados allí conduciendo estos agradable

motores y tirar todo este dinero alrededor y cosas por el estilo , y

entonces, yo tenía ni compun ... sin culpa por , er , tomando el dinero de él o

robar de él , o qué, acostado con él o, ¿sabes lo que quiero decir ,

o atacarlo ...

¿Cree que debería existir la pena de muerte ? No. ¿Por qué no ? Bueno,

depende. Si lo admite y es sin duda justo que ellos hicieron

, entonces tal vez, pero que siempre tienen estos casos en los que personas inocentes ...

Sí , por lo que no se ejecutaría la gente , ya que podría ser inocente ?

No, no , probablemente no, no, no.

(FARLEIGH 4 , 10 .)

PATRONES .

Tres temas se destacan : la superficialidad moral , el predominio de

el interés sobre la preocupación imaginativa para otros, y una moral

haciendo hincapié en la equidad y los derechos , pero de nuevo con sus raíces no en

empatía por los demás . (Estas son las impresiones dominantes , pero tengo

comentarios citados por personas particulares que van en contra de cada uno de estos

generalizaciones .)

La superficialidad es obvio en la trivialidad de algunas de las propuestas enseñanza moral acerca de dejar las mujeres a través de la puerta primera , o jurando

siendo tan mala como la intimidación. Cuando se les dio ninguna razón , mostraron

pocas señales de reflexión o de cualquier sentido de lo que realmente importaba

a otras personas. El predominio del interés es evidente en el

acogida que el anillo de Giges , siempre funciona. Estos dos

factores juntos pueden sugerir un grupo de amoralists que no tienen

concepción real de lo que la moralidad se trata.

Pero la imagen del paisaje plano amoral es a lo sumo una verdad a medias .

Lo que va en contra de ella es el afloramiento de gran visibilidad de los conceptos morales

agrupados en torno a las ideas de justicia y lo que la gente merece . Es un

paisaje moral , sino una estrecha y dura. En algunos solamente de los hombres

entrevistados, las creencias acerca de los derechos y de la igualdad surgió de una preocupación

para otras personas la posibilidad de vivir su propia vida, o fuera de

imaginando cómo las personas con discapacidad se sienten cuando sus derechos son pisoteados .

Para la mayoría de ellos , la preocupación imaginativa para otros no era central. la

énfasis en la igualdad primitiva y en lo que la gente merece parecía

llegado bastante inmediatamente de reacciones viscerales , sin la mediación de mucho pensamiento

sobre ellos. Las ideas de lo que la gente se merecen a menudo vinculados a

sus propios sentimientos de ser tratados injustamente cuando se les niega la lealtad

ellos pensaban que merecían o culpados por cosas que no habían hecho. en

la mayoría del grupo , esta constelación de ideas parecía en gran medida

independiente de la empatía o simpatía.

Una vez más, la superficialidad es sorprendente. Esto se ve en la importancia

adjunta a la propiedad de la Reina y en la creencia en la aceptabilidad de

" Atacar a un hombre de la parte delantera " . Sale en ver a alguien causando problemas y " gritando su boca fuera " como un grave

la mitigación de la injusticia de su asesinato. Sale en dando como

razón para apoyar la pena capital que " yo sólo miro a Inglaterra.

No hay espacios , no hay presos por todas partes , hay criminales

colgando alrededor ... " . Todo esto tiene la misma trivialidad como dejar que las mujeres

a través de la puerta primera y la creencia en la incorrección grave de

jurando . Algunas de la superficialidad puede venir de ser criado con

una moral de comandos, que no se trata de imaginar cómo se sienten . ni

Cómo se desarrolla una reflexión seria . En lugar de ello , se alienta una

enfoque, por ejemplo, a la moralidad de la guerra , de inmediato y

obediencia acrítica : " Si Gran Bretaña dice:" Yo estoy en guerra con este montón " ,

no discutas . Usted acaba de decir: " Está bien. " . "

CAPÍTULO TERCERO: LA INFANCIA Y DESPUÉS .

Al entrevistar a la gente , no me presento , ya sea de sus crímenes o

su infancia . Pero a menudo se plantean uno o ambos de estos temas.

Se hizo evidente que muchos de ellos vieron una fuerte conexión entre el

dos. Empezó a parecer importante mirar más de cerca a su

sentido de que sus acciones violentas estaban vinculados a una desastrosa

infancia.

1 . RECHAZO DE LA NIÑEZ .

LF : Bueno, yo sabía que estaba mal , eh , pero no había mucho , no estoy

especie de mitigación , pero , me iba a casar al día siguiente y ... es un

larga historia realmente . Siempre que las cosas van bien, en cierto modo me siempre ,

muck ' em up , lío ' em up . ¿Quieres decirme cómo ocurrió, o

no ? Bueno , tuve que ir a buscar mi traje , y había cosas diferentes que tuvimos que pagar. Novia que estaba pasando sobre el que y el

otro y lo que , lo que había que pagar para , dinero, cuentas, y no

sólo cuentas, pero como para esta boda y que . Y salí y me

hecho un robo y cuando estuve allí vi todas estas imágenes, todo

estas familias felices que saben , y um, destrozaron el lugar y establecer

disparar a la misma. Fueron las imágenes de las familias felices que desencadenaron

eso? Er , sí , creo que sí , sí . ¿Fue porque sentías que no tenía

tenía una familia feliz? Bueno, yo sé que no he tenido una familia feliz. Pero es

simplemente toda mi vida todo ha ido mal siempre , sólo se siente , así

esto es lo que es. Pero cuando las cosas van bien , sólo sé

que las cosas sólo van a ir .. "

(FARLEIGH 6 .)

El proyecto sigue siendo acerca de la moral y los valores de la

personas entrevistadas , pero tomó una dimensión extra. ¿Cómo tuvieron su

infancias forma lo que les importaba , y cómo a su vez hicieron esto

conformación contribuir a su violencia antisocial ?

Muchos de ellos describen infancias en el que se muestran poco amor .

¿Por qué no quieres estar en casa? O.A : Porque no me amaba. hay

Eran las nueve de nosotros en la familia y no sólo era mi mamá . Mi madre

no podía dar amor a todos nosotros y me quedé fuera . No a propósito, pero

Sentí que era y me sentí no deseada, pero yo siempre quería estar con mi madre

porque ahí es donde un niño debe ser. Así que siempre estaba queriendo ser

con ella, pero cuando yo estaba con ella no me amaba. Así que no quiero

estar con ella cuando era , y cuando yo no era yo .

(ADDISON 3 .)

A veces, sus familias eran violentos . A veces ellos fueron criados

por los padres que los castigaban severamente . A menudo eran físicamente o

abusado emocionalmente. El tema común fue el rechazo emocional.

IQ : Me crié hasta que yo tenía siete años en una familia muy violenta. Sí ,

donde se utilizaron armas y cosas así ... [Mi madre] fue

realmente indiferente , ya sabes , era una relación muy volátil ... I

recordar muchas veces la policía fue llamada para detenerla Supongo que lo que

que se dice ahora las disputas domésticas y tal como eso, pero no había

algo de violencia bastante extrema de vez en cuando , ya sabes. Había una

cuchillo utilizado en una ocasión, un cuchillo , una bandeja , el viejo de acero

bandejas . Ella con cuello mi viejo hombre con una bandeja y se arrojó sobre tazas y

cosas por el estilo , y así lo que haría cuando esa situación ocurrió,

solía tener dos o tres rutas de escape y el uso de uno de ellos mucho.

(QUESTOR , 4 , 5 .)

II: Así que una de las pocas ocasiones con mi mamá, y estar en casa con

mis hermanos mayores , que por lo general fue castigado por hacer algo mal . yo

nunca fue realmente dado ningún estímulo o un abrazo para hacer cualquier cosa

bien ... No se le permitió jugar en el jardín, pero si alguna vez llegó

casa del trabajo y estábamos (y , obviamente , esto es sólo mi pensamiento

que es meterme en el cuello todo el tiempo) , pero yo solía ser

destacó , como si yo fuera alguna forma a cargo del partido de fútbol en

el patio , y sería ser yo que sería penalizado - tener que ir a

la cama temprano , medida punitiva de la retribución . Se utiliza para infundir temor

miedo en mí .

(Ibbott 2 , 3 .)

LJ : fui abusado sexualmente y físicamente abusados, constantemente. y

estuvo en el hospital durante once años con la polio y que sólo vinieron a ver

mí una vez .

(JACKSON 3 .)

RUTAS DE RECHAZO A LA VIOLENCIA .

Como describieron su violencia desde el interior, lo que dijeron

sugerido dos formas diferentes en las que sus infancias desastrosas

podrían estar vinculados a la misma. Una vía sería rastrear de nuevo a su niñez

la creación de necesidades , deseos y estados emocionales tan fuertes como para

abrumar a cualquiera de su propio interés o las restricciones morales . el otro

vería su rechazo infancia como retraso en el crecimiento el crecimiento de la

moral reposacabezas sí mismos.

Considerando en primer lugar la aplastante del interés propio y de la moral

restricciones , surgieron dos cuentas causales sugeridas. Una es que se

respondió al rechazo de la niñez con la ira, que encontró su expresión en

violencia. La otra es que su experiencia de la niñez los dejó con

necesidades emocionales insatisfechas , que pretendían satisfacer a través de sus pares

grupo al ganar reconocimiento por su dureza y violencia. Si a

cualquier grado que habían sido capaces de desarrollar las respuestas humanas de

simpatía y respeto , estos no fueron suficientes para proteger a sus víctimas.

Tales recursos morales como habían estaban abrumados por la fuerza de

su ira y de su hambre de reconocimiento.

Sus cuentas también sugirieron que algunas de las respuestas a la infancia

rechazo inhibe el desarrollo de las restricciones morales

a sí mismos . Una respuesta fue creciendo una coraza protectora , parte de la cual era una evasión deliberada de simpatía por los demás . Otro resultado de

la forma en que fueron tratados fue que algunos hicieron sentir culpable.

Esto, unido a la falta general de reconocimiento, no les ayudó

desarrollar un buen sentido de su propia identidad y su valor .

. 2 abrumadora las restricciones morales : la ira y necesidades emocionales.

ENOJO .

La ruta más sencilla causal de rechazo de la infancia a la violencia va

a través de la ira. Una demanda enojado por la atención podría ser expresada en

infancia en sí .

IQ : ¿Y lo que no mostró ningún afecto , y que en realidad tengo para mí

porque el primer día me llevaron a la escuela por mi madre, y luego

después de que ella realmente me dejó volver a casa y eso. Y yo no podía

entender por qué todos los otros padres estaban yendo y abriéndose

niños de hasta ... ¿Por qué no te recoge ? .. Eso es lo que debe haber sentido ,

porque yo solía , en una ocasión me rompí todas las botellas de leche a

llamar la atención de todas esas otras personas.

(QUESTOR 17 .)

Una necesidad similar a veces había detrás de la ira más tarde en la vida y, a menudo se

fue generalizado más allá de los que originalmente causó.

¿Has tenido un tipo de ira que estaba recibiendo a cabo ? N.B : Um , sí. ¿Por qué

te enojaste ? Um , porque me sentía ignorado , me sentía sola .

(NEGRO 12 .)

OA : Yo no solía sentirse culpable porque tenía demasiado odio en el interior

me siento culpable , en contra de nadie . Contra todo el mundo? Contra todos.

Incluso las personas que no han hecho nada ? Incluso en contra de las personas que no tienen hecho nada para mí, sí . ¿Por qué crees que era ? Porque tenían

lo que yo quería y yo no lo tenía , así que me sentía enfadado porque

lo tenían.

(ADDISON 4 .)

A veces sus cuentas sugieren que , en sus mentes , las víctimas de

su violencia de los adultos estaban de pie en lugar de aquellos que los habían maltratado.

LJ : Mi efectos en otras personas tienen que haber sido terrible . Desde mi

crimen . Me apunto a la violación. Sí. ... He hecho un montón de trabajo pesado en

grupos . Y la única conclusión a la que puedo llegar en ese momento era que

el tipo era mi hermano y la mujer era mi madre . Porque en ese día me

estaba conduciendo hacia la casa de mis padres porque me iba a matar

ellos. Y ahí es donde estaba mi cabeza. Yo sólo iba a acabar con ellos

todos juntos . Pensé que el cólera podría desaparecer luego ...

¿Te preocupas en aquellos días sobre daño a la gente o no realmente ? Oh ,

sí, lo que me importaba , sí. Solía hacerme daño mucho a mí mismo , cuando tenía un

buena relación va y se separan. Me maldigo a mí mismo aún más

porque era a mí . Nunca fue a mi pareja. fue

Siempre a mí ... Así que hiciste el cuidado de otras personas y cómo

sentido ? Por supuesto que sí , sí. Pero la rabia a veces sólo se sobrepuso

eso? Lo hizo , lo hizo, se hizo cargo. Se tardó más , ya sabes. fue

ella, ella simplemente no me deja en paz . Su madre? Mi madre, ella

simplemente no me dejaba en paz , de una manera u otra . Y yo no podía, como

Yo dije , no pude hablar con la gente sobre ello. Me llevé todo el tiempo.

Este fue el abuso sexual? Sí, el abuso sexual. Aun cuando yo no estaba en casa,

cuando salí de casa y me fui a Londres a vivir , ella estaba allí veces . Yo podría estar en una relación y pasar por tal vez un

momento difícil , que sería 9 veces sobre 10 hasta mi culpa. y

sería ella, ya sabes . Ella estaría en su mente? Ella estaría en mi cabeza.

Diciendo que estaba podrido , debería matarme , y yo no merezco

vivir y todo lo demás y ese tipo de cosas ... Al - te

no tienen que responder a cualquier pregunta si no quieres , pero - cuando

violó a una persona era que la ira , o fue .. fue la ira. Fue la ira.

La ira contra su madre o su ira en contra de ... ? Sí , la ira en contra, que

era mi madre y mi hermano, en mi cabeza esa noche.

(Jackson 10 , 11 .)

Necesidades emocionales y las privaciones.

En la ética y la filosofía política , hay una línea de pensamiento

que dice que las necesidades humanas se debe dar prioridad sobre satisfactoria

otros deseos . La pretensión es que hacer que las personas acomodadas en mejor situación

debe tomar el segundo lugar a la eliminación de la pobreza de las personas que carecen

refugio, comida suficiente , agua potable o atención básica de salud. la

vista tiene un atractivo evidente , pero se han planteado dudas acerca de cómo

trazar la línea entre las necesidades y otras cosas que la gente quiere. la

punto se hace a veces que se necesita algo de otra cosa : un

se necesita la casa para , entre otras cosas , la protección contra la

elementos y tal vez contra los depredadores . Una cuenta de las necesidades que

deberían tener prioridad es que son las cosas , como la comida y algo de salud

cuidado, necesaria simplemente para mantenerse con vida. Otros quieren una más generosa

cuenta de las necesidades humanas , en particular sobre los elementos de la lista que, aunque no

esencial para mantenerse con vida, son necesarias para una vida buena o floreciente.

Esto también tiene un atractivo , pero el costo puede ser la difuminación de la línea

entre lo que la gente necesita y lo que lo único que quieren .

Tal vez algunos difuminación de la frontera es una consecuencia inevitable de

la visión más inclusiva de las necesidades . Pero una infancia de la violencia y

rechazo , según lo visto por aquellos que lo vivieron , es importante aquí. como

hemos visto, el pequeño grupo de entrevistados incluye tantos cuyo pasado

fue así. No era el hijo de la familia quedado fuera porque

no había suficiente amor para dar , el único chico nunca recogió

de la escuela y que rompieron las botellas de leche , la que nunca se le dio un

abrazo , pero a menudo injustamente castigado , el que constantemente abusaba físicamente

y sexualmente y visitado una vez en once años en el hospital , el que

tenía las rutas de escape de la violencia familiar con la bandeja de acero y el

cuchillo de trinchar, y aquel cuya madre estaba en la cabeza diciendo que era

podrido y debe suicidarse. Es difícil evitar la idea de que

hay necesidades emocionales humanas, así como los físicos. Para algunos

entrevistados, estas necesidades no se habían cumplido , y esto contribuyó a la

violencia. Expusieron algunas de las necesidades .

LA NECESIDAD DE SER ALGUIEN .

A menudo, el rechazo y la humillación generaron una necesidad de reconocimiento

y respeto, una necesidad que encuentra fácilmente la expresión de la violencia .

A veces, la ira se combinaría con esto.

QA: Con la ira, con la forma arrogante que solía ser , con la cerveza -it

hervir y hervir y yo era como un animal. La gente era

asustado de mí y me encantó. Me encantó. ¿Por qué te gusta eso?

No se. Fue una estupidez . Era una especie de reconocimiento, el respeto ?

La gente solía ir "Hola, Quinn " . Yo solía ser notado. "Hola , Quinn. " " Todo

derecho , Quinn ? " " " Tómate una copa , Quinn. "

(ASH 9 .)

Aunque mi pregunta agolpó el reconocimiento y el respeto , que son

conviene distinguir . (REFERENCIA A SIMONE BATEMAN .) Tal vez, de la

dos, el reconocimiento es la necesidad más básica . El respeto tiene que ver con tener

su estado o valor reconocidas. Pero QA aquí expresa una necesidad de

algo más básico que eso reconocimiento: se les pide que tengan un

beber , simplemente que se note en absoluto en lugar de ser mirado a través de tan

si no existe. Uno de los otros entrevistados comienza comienza

sobre el estatus y el honor , pero , cuando le pregunto sobre el respeto, me corrige

y hace hincapié en el reconocimiento , la necesidad de ser alguien en lugar de un

nadie :

IQ : Quiero decir, yo , que era una gran cosa bravuconadas , porque había hecho un montón de

robos a mano armada y que nunca fueron atrapados . Así que había un montón de dinero

alrededor y los coches rápidos y que , y yo estaba viviendo , se podría decir ,

muy en el carril rápido , muy rápido. Y sentí la gente estaba buscando

depende de mí ... [HABLAR DE cuando era más joven] Y yo tenía un montón de

cosas violentas hecho a mí , como iniciación a Teddy Boys que significaban

tenía que tener las piernas cortadas y las cosas sucedieron con cuchillos y otras cosas

así ... Pero para mí eso era jactancia , que era como insignias de honor ...

¿Estás diciendo que querías respeto. ¿Es eso cierto? No tanto respeto,

pero quería reconocimiento. Sí . Supongo que me sentía, pensar en ello , me

Sentía que era un don nadie , pero estar con esta gente , yo era alguien.

(QUESTOR 14 , 17 .)

Otros tenían que estar en el centro de las cosas y no en la

márgenes , y ser bien conocido o tener una reputación de gran alcance .

II: I robada químicos desde una edad temprana (un poco menos de 16) para muchos

años con bastante éxito. Yo no tenía escrúpulos de quien lo compró , donde me

la tomó ... Entonces, hace - me todos esos años sentí bien por ser capaz de caminar

en la casa de alguien y todo giraría en torno a mí y dos

chelines por esto, y esto me dio un sentido de identidad. Yo estaba muy

bien conocido en el área . ¿Se sintió usted necesita un sentido de identidad ?

¿Sientes que te gustó ? Bueno , no me parece recordar que uno antes

a eso.

(Ibbott 3 .)

OA : Yo solía ir a clubes nocturnos en busca de peleas , en busca de

la gente a luchar para mejorar mi reputación. Yo solía ir a buscar

personas que tenían la reputación, para tomar su reputación lejos de ellos y

añadirlo a la mía ... yo no solía tener mucho sueño porque yo estaba en

velocidad, pero he construido una reputación por mí mismo. Si había una pelea,

ven a por mí ... ¿Fue esa reputación agradable? Sí , era necesario

para mí en el momento de tener esa reputación. ¿Por qué era necesario?

Debido a que el estilo de vida que llevaba . No podía permitirse el lujo de

pisoteado . No me podía permitir que la gente piense que podría tomar la P

fuera de mí , así que tuve esta reputación y nadie lo hizo. La gente intentó pero

Yo solía destruirlos, para que la gente no lo intenté en el final, porque

ellos sabrían lo que sucedería. Así que tenía una reputación .

(Addison 9-10 .)

A veces, la necesidad de respeto se funde en la necesidad de hacer algo es decir que vale la pena desde el punto de vista de la persona misma y

la importancia de contribuir algo a los demás :

¿Qué le gusta de la vida de un médico? N.B : Um , usted puede ayudar

gente, quedan respetadas. Usted tiene un título. Hola, Dr. Fulano de Tal . usted

se sientan importantes y la gente te ve como , eso es un médico , necesito un poco

ayudar , vamos a ir a ver al Dr. XXXX . ¿Siente que el respeto es algo

usted es un poco corto de ? Um , yo , sí. Me siento como si yo no estoy

suficientemente importante como para que nadie ni nada , y yo estoy , creo que es

debido a la forma en que mis padres me tratan como a un niño. Cuando un niño

crece pensando que están [no permitidos ? REVISE] que contar para

bastante, él , ellos dan vueltas en busca de atención , que es lo que hice,

atención - seeked ... me gustaría ser médico , no sólo debido a que

sino porque , bueno, siempre me ha gustado la idea de ser una enfermera , cirujano,

médico , que trabajan en los servicios de urgencias . Está ayudando a la gente . Es una

buen trabajo fuerte para estar adentro Es un buen sueldo , te encuentras con gente diferente,

que está ayudando a la gente , y se siente como si usted ha logrado

algo al final del día, cuando te vas a casa . Sabes que has hecho

el trabajo de un día duro , y que ha logrado algo. Usted ha ayudado a

alguien.

(NEGRO 6 .)

LA NECESIDAD DE SER necesitaba y quería .

Además de tener que hacerse notar y ser admirado , la gente necesita

lazos con los demás . A veces esto es sólo una cuestión de tener un grupo

que le da un sentido de aceptación y pertenencia.

Yo estaba interesado en lo que dijiste, si usted no ha estado en la cárcel, nunca has vivido ... OA : los negros dan vueltas en grupos. La mayoría de los hombres blancos

no lo hacen. La mayoría de los hombres blancos van con uno o dos compañeros y luego no se peguen

juntos , pero los negros lo hacen. Cuando estás en la cárcel, que es diferente. usted

permanecer juntos. Uno encuentra gente de su área, usted va al gimnasio con

ellos, usted va a comer con ellos , te comunicas con ellos . Usted es

ellos todo el tiempo . Hay un lazo allí porque vienes

la misma zona ... por lo que se convierten en buenos amigos. Más que eso . Usted se convierte en

- No sé cuál es la palabra - pero vuelvo almas gemelas ... Nunca fui

en el ejército. Siempre quise . Pero supongo que es así ... ¿Por qué

querías estar en el ejército ? Yo siempre he sido ... Siempre quise

ir en el ejército porque sentí que era algo que yo quería hacer . lo

era una profesión. Era más que eso. Era como unirse a una pandilla , yo

suponer.

(ADDISON 5 .)

Pero la aceptación y pertenencia son sólo parte de la historia. Hay una

la necesidad de algo más cálido : a ser necesario y querido.

OA : En el momento en que salga mi hija mayor - o mi hijo mayor - serán 18 , por lo que

que puedan tomar sus propias decisiones sobre lo que quieren hacer . Cuando mi

niños se convierten en 18 , si quieren conocerme o no, depende de ellos .

Es su decisión. No voy a empujarlo en ellos. Me encantaría verlos

pero son adultos. ¿Se han mantenido en contacto con usted ? No, sólo el

más antiguo . Pero es entonces depende de ellos . Es su vida . Si quieren

me conocen , eso está bien . Ellos tienen que vivir su vida a su manera y

Yo no quiero ser - si dicen : " Oh, wow ! Tenemos que ir a ver

Papá " . Yo no quiero eso. Yo quiero que digan : "Yo quiero ir a ver a mi papá " . Pero que le gustaría mucho si lo hicieran ? Sí , lo haría. Sí ,

Yo lo haría.

(Addison 10 .)

Cuando uno mira hacia atrás en la persona que eras antes, ¿qué crees que

usted había desaparecido? I.Q : Creo que lo más importante es que se necesite . necesitar

para mí, no por lo que yo era. Quiero decir que fui en el pub, si yo tuviera un

mucho dinero , la gente me necesitaba. O pensé que hicieron, pero no fue

el caso .

(QUESTOR 14 .)

3 . Stunting EL CRECIMIENTO DE LA CONDOLENCIA .

El rechazo de la niñez necesidades que abrumaron a la moral creado

restricciones . Sin embargo, las entrevistas también sugirieron que había frenado el

el crecimiento de las propias restricciones morales . El crecimiento de la simpatía es

vinculado a la apertura a los demás : ser sensible a ellos y de cómo

se sienten. Esto puede ser obstruido si la respuesta al rechazo es un

coraza protectora contra de ser herido por los demás . Y , aun cuando el

capacidad de simpatía se ha desarrollado , el resentimiento por el rechazo y

otra duele puede conducir a la simpatía por los demás siendo deliberadamente

apagado .

EL TEMOR DE RECHAZO Y el muro defensivo.

Varios de los entrevistados reportaron haber estado detrás de la defensiva

barreras a causa de un miedo a ser rechazado o ridiculizado .

Estoy muy agradecido por que me dice mucho acerca de ti mismo tal ,

acerca de la forma de pensar sobre las cosas. Q.A : Bueno, yo no podía hace años , y

Lo haría no hace años . Yo estaba en una concha y no me gustaría salir de ese shell ... ¿Por qué crees que te quedaste en un shell? Bueno, yo pensé que , si

Salgo y florecido , todo el mundo habría pensado que estaba siendo

divertido o algo así.

(ASH 9-10.)

Es una estrategia preventiva que se niega la cercanía emocional ,

rechazando otras personas primero antes de que usted puede hacer daño de nuevo con más

rechazo .

I.Q : El ridículo entra en él también. Tengo un montón de burlas cuando

fue un niño ... ¿Cómo es posible , yo sólo no lo sé, pero me apartó de un

persona plácida muy tranquilo, persona asustada, a una muy

persona violenta . Usted sabe . Fue la vinculada al ridículo , ¿fue escapando

del ridículo ? Sí, sí , Porque , cuando , después de que me atacó , me

Pensé que eso es todo ... Así que en realidad era una especie de defensa? Oh , sí.

Después de haber sido ridiculizado , habiendo sido no quería mucho ? Así es,

a construir este muro defensivo y no dejar que nadie o nada

en ella.

(QUESTOR 15 , 16 .)

Otra versión de la misma estrategia es hacer las cosas destinadas a

alienar personas para que la cercanía no se ofrece .

II: realmente no he permitido a mí mismo a causa de una baja autoestima a

apreciar amaré nada ni dejo que nada se acerque demasiado a mí en

caso duele ... Siempre hay un riesgo de rechazo , ser herido. Fue

que algo que influyó ? ¿Evitó las relaciones o

no ? Pasé 25 a 26 años en las relaciones que son muy poco profundas. tengo

movido por todo el país , conocido gente durante unos meses . Uno o dos de los la - si han desarrollado en más de un vínculo emocional , no tengo por lo general

dicho algo o hecho algo absurdo y les ha apartado de mí

como preludio a , bueno, no te acerques demasiado porque yo no quiero ser

herido por usted - y he anticipado que por ser estúpido.

(Ibbott 4 , 5 .)

A veces se hace una excepción a la estrategia general de

rechazo preventivo . Una oferta de apertura, una grieta poco frecuente en la

muro defensivo comenzó en la infancia, podría dar lugar a una respuesta positiva

ir en contra de las expectativas pesimistas .

¿Fue un largo tiempo antes de encontrar personas con las que he cometido ningún emocional

bonos con ? I.Q : Um , oh , sí, sí , quiero decir que había una gran cantidad de

relaciones. En un momento tuve tres relaciones funcionando al mismo tiempo .

Pero creo que eso era probarme a mí mismo , demostrar que usted sabe que yo era

querido o necesitado un grado .... He conocido a una joven dama , una dama , por

cuatro años aquí y ella siguió adelante ahora ... pero golpeó las relaciones y

Me sorprendió bastante ya sabes, lo abierta que estaba con ella . Quiero decir , he

nunca discutido mis ofensas con nadie, especialmente a los pacientes y que ,

y como me sentía la relación se estaba poniendo a los apretones , me senté y

dijo mira, esto es lo que he hecho , ya sabes , no voy a dar ninguna

excusas , así es como es. Y yo estaba esperando un rechazo , y yo

no lo hicieron . De hecho, unido aún mejor y para el punto de que

en realidad nos comprometimos la pasada Navidad . Ya sabes, eso es lo fuerte que

era . Y yo era bastante , creo que , a lo largo de mi vida que sabes que he tenido una

mucho rechazo en casa, y las cosas, y yo esperaba el rechazo,

así que lo que yo solía hacer , en lugar de la gente me rechazan , me ponía en primera .

(QUESTOR 9 .)

Empatía, la simpatía, PONER EN INTERMITENTE .

La imagen del psicópata Cleckley clásica , que tiene algún defecto

que le hace incapaz de experimentar la vida como un ser humano normal hace,

podría sugerir una incapacidad innata para empatizar con las víctimas de su

violencia. Esta imagen no encaja en la cuenta de los entrevistados dieron

de sí mismos. Se ven a sí mismos como tener la capacidad de imaginar

los sentimientos de sus víctimas. La ira o el resentimiento general contra

otras personas los llevaron en una de dos direcciones. O ellos estaban al tanto

de herir a otras personas , sino que simplemente no le importaba . O , evitaron

su propio sufrimiento posible en el sufrimiento que han causado por

deliberadamente fuera borrado de la conciencia .

La respuesta de saber , pero sin importarle fue descrito abiertamente .

Dices que has cambiado de filosofía desde que llegó aquí. I.Q :

Sí, sí . ¿Qué fue antes? Yo era un ex- ciclista y voy a ser sincero

con ustedes , no me importa una mierda de nada ni de nadie. Lo que yo quería

Me , SOD las consecuencias.

(QUESTOR 4 .)

¿Tiene usted una explicación de por qué se metió en la posición de

cometiendo cualquier delito que era? F.L : Supongo que era algo que

hacer con cuando era más joven , ya sabes. ¿Qué tipo de cosas cuando eras

más joven? Cuando yo era niño , me golpeó sobre y cosas por el estilo . cómo

hizo que causa que usted haga lo que fuera que hiciste? ¿Le hacen

enojado, o qué? Sí, eso me hizo enojar mucho y me odiaba mucho a la gente .

Cuando usted odió la gente, usted probablemente lo hizo cosas contra ellos a veces.

¿Sabías cómo se sentían al respecto , o no? Supongo que en ese momento yo

en realidad no importa. Usted sabía , pero no le importaba . ¿Es eso cierto? Sí .

(LORAM 6 .)

QA: Yo siempre honesta y realmente creía , no importa lo que dije fue

derecho - que no lo era. No lo fue. Estaba dirigí grandes , no

escuchar , no le importaba . Le SOD. Cuando dijiste " Sod ti" , no lo hiciste

preocupan - si haces daño a algunas personas, no te importaba ? No, no lo hice

cuidar . ¿Por qué crees que era ? No se. Porque te importa

Ahora , ¿no es así ? Creo que sólo está siendo arrogante. No me molestó . pero

usted sabía que estaban siendo perjudicados , pero que no te importaba. No fue así?

Así es, sí. No me importa la gente . Yo solía simplemente nacer

free- así es como me sentía . Nadie podía hacerme daño . Nadie podía

tocarme. Pero me di cuenta que estaba equivocado.

(ASH 6 .)

A veces , a través de resentimiento , saber de la herida en la sombra

apuntando a él.

Cuando usted estaba haciendo lo que sea que hiciste , ¿sabías que estaba mal

en el momento o que no se preocupa por eso? O.A : no le importaba, no lo hizo

cuidar . ¿Creías que estabas haciendo daño a alguien más? No nos importaba . No, no

en absoluto . Pero usted sabía que usted estaba haciendo daño a ellos y no te importaba ? yo

Sabía que estaba , sabía que estaba , sí. Y no importa por qué razón?

Ellos me habían herido , por lo que yo estaba tratando de hacerles daño. Bien, lo entiendo

que . Excepto mi dolor era extremo . Me fui a los extremos.

(ADDISON 4 .)

La otra respuesta fue "ponerse anteojeras " . Algunos de los entrevistados había desarrollado esta técnica para los recuerdos de infancia horribles fuera en blanco

y también lo aplicó cuando se ofendan los demás.

LF: Hay un montón de mi infancia he borradas , me refiero a año y

año . Um , y si yo no quiero hacer frente a algo, en un período de

de tiempo , simplemente no ocurrió. Creo que todos nos hacemos en algún grado.

Creo que me he confiado demasiado en ello , o tengo demasiado bueno en eso, o ... y yo

Supongo que es una especie de, llego a un punto en el que sólo hay que poner en las luces intermitentes,

ya sabes, sólo hay que poner anteojeras ... Sólo vadear pulg Cuando usted pone en

anteojeras , no está pensando en los resultados , o ... Si. Cuando estés

haciendo eso, ¿te acuerdas de que ha sido un desastre antes, o no?

No, yo no pienso en ello. Siempre es tarde cuando me siento de nuevo

mirar hacia atrás de manera objetiva y yo .

(FARLEIGH , 7-8.)

Una forma de no estar angustiado por la conciencia del daño que causaron fue

apartar la mirada de él.

II : Yo no permitiría que me importa , hace diez años. Así que cuando usted dice

usted no permitiría a sí mismo , que sabía lo que era como si fueran

daño. Tú sabías lo que les daba la gana , pero que no dejarías que usted mismo

preocuparse por eso? Sí . Me descartarla. Me preocupan a mí mismo con

algo más . ¿Por qué crees que te dio la espalda a centrarse en

eso? Pues bien, a causa del dolor , o un tipo de dolor . Es como una

presión emocional .

(Ibbott 4 .)

4 . RESPETO, Reciprocidad y la identidad.

Otra restricción moral clave es el respeto por los demás. El respeto es reconocimiento de la condición de alguien o de pie .

Un tipo de relación es la autoestima : respetar Seamus Heaney como poeta es

pensar muy bien de lo que escribe . Otra versión es el reconocimiento de

alguien está estatus en una jerarquía. Hay expresiones convencionales de

el respeto por el estado de alguien, un respeto vinculado a la cortesía y la

a veces a deferencia . Soldados expresan la versión deferencia de

respetar cuando saludan a un oficial. Pero estima y deferencia no son

las restricciones morales centrales. La moralidad a menudo exige el respeto de los

personas a las que ni estima ni ceder ante .

Hay exhibiciones de versiones menos forzadas y más igualdad de respeto

de saludar a un oficial. Reconocemos a alguien como una persona que conocemos por

saludarlos en la calle. Con las personas que no saben , hay

la cortesía convencional para señalar el reconocimiento de su posición como

los seres humanos . Luego de reconocer que las personas tengan legal o moral

derechos , y muéstrele al no agredir a ellos, no robar de ellos,

respetando su privacidad, no humillarlos y así sucesivamente.

Tanto la versión convencionalmente educados y respeto de los derechos puede

expresar una actitud más profunda y general. Los niños , que sirve para el camino

ellos mismos a granel grande en sus propias vidas , pueden ser golpeados repentinamente

con que todos los demás, tanto como viva conciencia

sí mismos, tienen una vida que vivir y un punto de vista propio. la

la vida y el punto de vista de la otra persona es tan desesperadamente importante

a ellos como los míos son para mí. El pensamiento es una perogrullada , pero su amanecer

puede ser una parte importante del crecimiento . El punto de vista de otras personas

guiado por esta toma de conciencia se puede llamar " la profunda actitud de respeto " .

En los momentos clave de la misma conciencia puede reaparecer con viveza a los adultos.

En los debates de Putney en 1647 , el coronel Rainsborough apeló a ella

al argumentar que el gobierno sólo por consentimiento : "Porque realmente creo que

los más pobres el que está en Inglaterra tuviere una vida que vivir como el más grande

él ; y , por tanto, en verdad, señor, creo que está claro , que todo hombre que

es vivir bajo un gobierno debe ser el primero por su propio consentimiento para poner

a sí mismo bajo ese gobierno " . Y George Orwell , expresando su

repulsa por haber experimentado una ejecución, habló de " la

maldad inenarrable de cortar una corta vida cuando está en plena

marea " . Expresó el horror de caminar junto con los condenados

hombre : " Él y nos quedamos un grupo de hombres caminando juntos , ver, oír ,

sentir , entender el mismo mundo ; y en dos minutos , con un

broche de presión repentina , uno de nosotros se habría ido - una mente menos , un mundo menos " .

ALGUNOS TIPOS DE RESPETO Y NO OTROS.

Algunos de los entrevistados tenía claramente el respeto para las personas de alto

posición en la jerarquía social. (" Porque es propiedad de la Reina ...

Es la forma en que me crié , respetar la Corona , respetar el uniforme ,

respetar a la familia real . ") Algunos de ellos tenían claramente el respeto

expresado en la cortesía convencional . ("Yo no juro delante de

hembras ... Soy respetuoso. Quiero decir que yo creo en la apertura de puertas , y si un

mujer está caminando a lo largo , ya sea un paciente o miembro del personal , dejé que

a pasar por la puerta primero . ") y la prominencia de respeto por

derechos en su paisaje moral se ha notado . ("Las personas con discapacidad

tienen derechos al igual que la gente normal ... Yo respeto a sus derechos fundamentales " .)

De vez en cuando las razones dadas para respetar los derechos mostraron cierta conciencia de la perspectiva de aquellos cuyos derechos fueron violados. Pero ,

por el respeto a la mayor parte de los derechos era más una cuestión regida por reglas

que como algo arraigado en la conciencia de la perspectiva de los demás .

Lo que faltaba sobre todo fue la actitud profunda de respeto. Para George

Orwell , ejecución significó un mundo menos y esto hizo que para el

maldad inenarrable de cortar una vida en la marea llena. La ausencia

de todo esto es parte de la superficialidad de algunos de los entrevistados '

pensamientos sobre la pena capital . ("Yo sólo miro a Inglaterra. No hay

espacios , hay presos en todas partes , hay delincuentes merodeando

y eso, y tengo por cierto que si hubo ejecución entonces, más

ejecución de lo normal , creo que sería un mundo más tranquilo para vivir

in ")

RESPETO Y Reciprocidad : " NO muy real para ellos mismos."

El rechazo, así como hacer que la gente con hambre de reconocimiento y respeto

por sí mismos , también puede evitar que desarrollen el reconocimiento

de la vida interior de los demás que los motivos de la actitud profunda de

respecto . Es plausible para ver todo esto como basada recíprocamente .

La gente aprende la actitud profunda de respeto a los demás , en parte a través de

ser respetado a sí mismos.

Los otros tipos de relación pueden ser diferentes. Los soldados que no estaban

respeto mostrado en la infancia probablemente aprender a saludar a los oficiales . Pero

puede conjeturar que este tipo de "respeto " no sobrevivió mucho tiempo

la eliminación de la coerción que lo impone . La actitud profunda de

el respeto , el reconocimiento interno de la condición moral de otras personas,

puede necesitar cierta reciprocidad para su surgimiento .

En una primera etapa del proyecto , el Dr. Gwen Adshead y yo estábamos

discutiendo las personas que estábamos a punto de entrevistar . Muchos son los pacientes de

la de ella. Pensando en su capacidad para dañar a otros , me preguntaba si

otras personas y sus vidas interiores parecían totalmente real para ellos . ella

pensé que mi duda podría tener razón , pero agregó : "A veces no son

muy real para ellos mismos. " En ese momento yo estaba intrigado por este comentario,

aunque no estoy seguro de lo que significaba . Un posible vínculo entre un

disminución del sentido de la realidad de otras personas y una disminución del sentido

de la propia realidad podría provenir de las consecuencias de la infancia

rechazo . " Otras personas no parecían totalmente real para ellos " es una forma de

describir la ausencia de reconocimiento interno de la condición moral de los

otros. Y "no ser muy real para ellos " podría describir otra

consecuencia del rechazo y la humillación : la falta de desarrollo de una

robusto sentido de su propia identidad y su valor - el fracaso que crea

tal hambre de reconocimiento y respeto.

Una de las características que figuran en el " Factor One" de la Psicopatía de Hare

Lista de verificación es un " grandioso sentido de autoestima " . Algunas de las personas que

La gente parecía entrevistados que quieran dar la impresión de

ser realmente alguien. Pero detrás de esto a menudo parecía ser la necesidad de

ser alguien y no por convicción real. Y la frase " no es muy

real para ellos mismos ", a menudo parecía resonar con lo que han dicho .

¿Tiene una foto de la clase de vida que quieres llevar al

están fuera ? LF : Yo nunca he tenido un tiempo normal cómodo cuando

todo es sólido a mi alrededor, la gente es sólida a mi alrededor,

sólo eso, sólo simple , ya sabes lo que quiero decir ? ¿Qué quiere decir "gente son sólidas "? Er , mi familia me ha defraudado , todo me ha defraudado ... Esto es sólo

un ejemplo. Yo he venido para apagado y no había tenido ninguno por cerca de 6 meses, y luego

mi madre , que es una relación extraña , Porque al final del día ella es

"Mamá " , ¿sabes lo que quiero decir , todo ese tipo de cosas, y luego dice:

" Has hecho muy bien , creo que se merece un regalo " y luego ... sólo

No puedo, sé que no es correcto. Por lo que sólo confunde , confunde . y

así es como ha sido desde hace mucho tiempo.

(FARLEIGH 11 .)

Aquí , siendo sólida es ser alguien que se puede confiar , de confianza. la

contraste es con dejar a alguien. Tal vez sintiendo este tipo de

solidez en otras personas es parte de lo que se necesita para desarrollar un sentido

de su propia solidez y valor.

5 . IDENTIDAD MORAL Y LA AGENCIA .

La mayoría de las personas , sin necesidad de utilizar la frase , tienen un sentido de su propia moral

identidad . Ellos tienen una idea de la clase de persona que son y algunos

idea aproximada del tipo de persona que le gustaría ser . Para el muy

suerte o el muy satisfechos de sí mismos , los dos se superponen bastante. para

la mayoría de nosotros no son lagunas.

No todas las partes de la imagen de lo que somos como contribuye a la

sentido de la identidad moral. Nuestra edad, la altura , los pasatiempos y preferencias para

algunos tipos de alimentos , el deporte o la música suelen ser menos relevante que nuestro

imagen de lo lejos que estamos honesto, generoso, respetuoso de la ley , valiente , amable,

un buen padre o una buena amiga. Lo mismo ocurre con el tipo de persona

nos gustaría ser . Algunas de nuestras ideas acerca de que (por ser un buen

nadador o tener un escritorio menos caótico) pueden tener poca importancia moral .

Está a sólo esperanzas o deseos cargadas con valores que forman parte de la

sentido de la identidad moral.

Entre las principales restricciones morales son estos cuadros de valor cargado de

cómo somos o lo que nos gustaría ser, y en particular las ideas de la

tipo de persona que no queremos ser. " Yo no soy el tipo de persona que

toma sobornos. " " Yo no quiero ser alguien que traiciona a su

amigos ".

Identidad y la agencia están vinculados. Lo que somos y lo que hacemos, somos

entrelazados. Todos nosotros formamos un montón de cosas que están fuera de nuestro control. la

clase de persona que somos depende de manera evidente en los genes , la paternidad , la

cultura crecemos en , y de muchos otros factores que nosotros no hicimos

elegir . Pero mucha gente también juegan un papel en la formación de la clase de persona

que son. Esta auto-creación toma diferentes formas .

No es la clase principalmente inconsciente de auto-creación Aristóteles

notado . Nosotros elegimos libremente a actuar de una determinada manera, y estas acciones

forma a nuestros hábitos. A su vez, estos hábitos se endurecen en nuestro carácter.

Luego están las opciones que , por lo general sin intención , forma lo que

son como influyendo en el mundo personal en el que vivimos . estos

incluir opciones de con quién casarse o convivir, opciones de qué trabajo

hacer y dónde vivir , decisiones sobre tener hijos , y muchos más

los triviales . Y hay proyectos conscientes de autocreación . muchos

la gente se involucra en estos al final de menor importancia : el objetivo de cambiar lo que

son como por la pérdida de peso, por su elección de ropa o peinado , por

cursos de formación asertividad o mediante la lectura de libros sobre cómo hacer

amigos y personas de influencia . Algunos tienen más importante conscientemente proyectos auto - creativa que pueden participar durante años o toda la vida :

la búsqueda de la auto-comprensión a través del psicoanálisis , llegando a ser un Olímpico

atleta , convirtiéndose en un buen cristiano o musulmán .

Los cuadros de valor cargado de nosotros mismos, como somos y como podríamos

llegar a ser, tener una influencia obvia en la mayor y más consciente

versiones de creación propia. Pero también pueden influir en la otra

clases , alentando o desalentando algunas acciones que pueden dar forma a

hábitos y luego el carácter, o al guiar nuestras elecciones de amigos,

socios o puestos de trabajo. Carecer de tales imágenes es haber reducido los poderes de

autocreación y así perder una parte central de estar a cargo de

la propia vida .

El sentido del yo : superficiales y profundas .

¿Hasta qué punto los hombres que entrevisté tienen estas fotos ? Algunas respuestas

a las preguntas sobre el tipo de persona que le gustaría ser eran

poco profundo, preocupado sólo por lo que las habilidades , talentos o trabajo que les

similares.

¿Cree usted que la mayoría de la gente tiene una idea de la clase de persona que quieren

a ser? Una de las cosas .. la gente dice es "yo no quiero ser el tipo

de persona que hace ese tipo de cosas . Z.C : En algunos casos , en cierto modo me

como las personas con talento. Te voy a dar un ejemplo - Bruce Forsyth . Tal

gran artista , usted sabe . Él puede tocar el piano. Él puede hacer todo

tipo de cosas . Me gustaría ser como él, con talento.

(Crinos 6 .)

¿Tiene una foto de la clase de persona que eres? ¿Tiene un

idea de bien cómo eres o qué te gustaría ser?

J.F : Sé lo que me gustaría ser. ¿Qué te gustaría ser

como ? Me gustaría ser un gángster . ¿Lo harías? ¿Por qué le gustaría ser

un gángster ? Yo lo haría. Me gustaría ser como los gemelos Kray . Ojalá

usted ? ¿Qué hay de bueno en eso? No lo sé . Yo sólo lo haría. Los gemelos Kray

- En los años sesenta , los gemelos Kray utilizan para detener todo atraco y

violaciones en la calle y mantiene limpias las calles .. ellos tienen que saberlo

celebridades y cosas por el estilo . Y daban el dinero a la caridad .

(CAER 4 .)

¿Tiene una foto de la clase de persona que te gustaría ser ? C.Q : Me

gustaría ser yo , er, trabajando en restaurantes , entrenar para ser un chef ,

eso es lo que me gustaría ser .. o trabajar para el Consejo o por carretera

obras , no desenterrar pavimentos de carreteras .. cosas así , ya sabes.

(QUIGLEY 4 .)

La superficialidad no es sólo una cuestión de mencionar sólo los trabajos más

que más de las características personales de valor cargado. También existe la

impresión de no mucho pensamiento detrás incluso de la elección de los puestos de trabajo ideales.

Las opciones de ser un chef o haciendo obras en la carretera no parecen reflejar

ideas acerca de la idoneidad personal para un tipo de trabajo o el tipo de

satisfacción a buscarse en un trabajo. Son más como objetos tirados en

a cabo al azar de una tina de salvado. O, como Penney Lewis me ha sugerido ,

pueden reflejar un deseo para cualquier tipo de trabajo normal en lugar de un

la vida de la detención en un hospital seguro. De cualquier manera , la ausencia de cualquier

referencia a una imagen cargada de valor sugiere un débil sentido de moral

identidad .

Por el contrario, algunos dieron respuestas que sugiere el pensamiento sobre personal desarrollo en las diferentes etapas de la vida. Un hombre era muy consciente de

de haber estado encarcelado durante muchos años y así no haber tenido la

oportunidad de desarrollar .

¿Estaría usted dispuesto a decir algo sobre la clase de persona con la que

creo que estaban antes, y el tipo de persona que piensa que usted es ahora ,

lo que hay en común y lo que es diferente ? Q.L : Bueno , hasta mi índice

ofensa que me llevó a Broadmoor en 1971 , yo vivía básicamente una

nivel. He trabajado , trabajado duro , tengo un paquete de paga , conocí a mis compañeros en el

final de la semana , se emborrachó , fue a bares y clubes y, a veces

entregado a algunos pequeños robos , ya sabes. Otras veces, de vez en cuando

se metió en una pelea, pelea de borrachos , y que el ciclo se repetía cada

semana , durante años, hasta que un día que maté a alguien y terminé en

Broadmoor ... estoy totalmente aburrido de la vida institucional ... Un día es el

igual que el siguiente, ya sabes, yo estoy harto de todo lo que el

las instituciones tienen que ofrecer. Necesito experiencias de la vida exterior,

Conocer, desarrollar . En realidad no he dado una oportunidad , ya sabes ... estoy

54 años de edad ahora , ya sabes, si yo estaba fuera ahora , me inclino a

asociarse con personas que están en sus veintitantos años , que era la edad

Estaba encerrada en un principio, ya sabes ... Pero el problema es que la gente

en los veinticinco años ya no son las mismas que las personas en su

mediados de los años veinte , cuando yo estaba en mis veintitantos años . Me resulta difícil de conseguir en

con mi propio grupo de edad . ¿Sabe por qué le resulta difícil seguir adelante con

su propio grupo de edad ? Bueno, yo he perdido de todo el desarrollo

etapas, ya sabes, me refiero a la gente ha , durante el tiempo que he estado bloqueado

arriba , la gente ha tenido estas experiencias , ellos tienen casado , han tenía hijos, que han tenido las hipotecas , que han tenido vacaciones en el extranjero ,

automóviles, dinero en el banco , vacaciones. Nunca he tenido ninguna de estas cosas ,

usted sabe .

(Lawler, 5-6.)

Otro tenía pensamientos sobre el desarrollo moral en diferentes etapas de

vida y sus comentarios sugirieron también bastante profundo sentido de la moral

identidad que reconoció estar en conflicto con sus acciones pasadas.

BF : No se puede tener una idea del bien y el mal como un niño pequeño. mucha

de que implica , más o menos , "no gritar a tus padres " , o " se quiere

comer toda esa comida antes de ir a la cama " o algo así , que es un

conocimientos básicos , pero ... a medida que avanza la adolescencia , no sirve de nada . usted

tiene que aprender nuevas reglas ... Cuando dices aprender nuevas reglas, se lo aprende

reglas, o se trata de pensar en lo que realmente importa, o lo que es

que ? ... Yo creo que , eh , ya ves cómo desea encajar Aprendes a

comportarse adecuadamente , para mantener esa posición . Y , eh , así que creo ,

er, la impetuosidad de la infancia tiene que ceder el paso y tal vez inicialmente

entonces es una cuestión de reglas de aprendizaje ... , pero que se detiene cada vez

consciente muy pronto . Creo que usted se convierte en lo que quiere llegar a ser.

Este soy yo , así es como quiero que se comporten , esto es lo que mi conciencia

me dice , porque aquí es donde quiero estar . ¿Tiene una foto de

cómo quiere ser ? Um , sí , tengo ideas de cómo me gustaría estar en

la sociedad y cómo me gustaría responder a la gente . Me refiero a mi propio yo. Er ,

Creo que a veces mi , er . He sido ignorante , yo no reaccioné con una

conciencia por así decirlo , y me gustaría deshacer esa realidad y se comportan como

una más er, persona humana en todo el perímetro de verdad.

(BECARIOS 4-5.)

Algunos dieron respuestas cuya profundidad o superficialidad era difícil de clasificar.

¿Tiene una foto de la clase de persona que te crees que eres ? si

se va a describir a ti mismo ... ¿qué dices de ti mismo ?

NB : Um , el tipo de persona que piensa acerca de otras personas antes de

yo ... me preocupo por los demás antes de que me preocupo por mí mismo ... Así

que tiende a dejarme como , muy abajo porque tiendo a utilizar todos, todos ,

lo que tengo dentro de mí para dar a otras personas y dejar a mí mismo con

nada . Um , eh, que estoy muy bien hablado cuando yo quiero ser. Um , yo uso de ojo

póngase en contacto con cuando alguien me habla . Um , y soy agradable , brillante

persona joven. Sí. Tengo un lado para mí donde no me gustan los matones . yo

no me gusta la intimidación de personas. No me gusta la autoridad. Debido a que , a un

En cierta medida, um, no me gusta ser presionado ... Me gusta mucho

espacio a mi alrededor .

(NEGRO 5 .)

Esta cuenta , mientras que sobre la base de las características de valor cargado

relevante para la identidad moral , también tiene toques de superficialidad . Hay

un fuerte sentido de ser un altruista abnegado tal que uno

maravillas cuánto pensamiento crítico o la auto-conciencia ha ido a la

cuenta . Y hay un toque de aleatoriedad en los comentarios sobre los ojos

póngase en contacto , por ser agradable y estar bien hablado . Hay una cierta sensación de

identidad moral expresado , pero de una manera que pone en duda

si el conocimiento de sí mismo es aguda.

El retraso del crecimiento EL CRECIMIENTO DE IDENTIDAD MORAL : culpa y auto - odio.

¿Hay alguna pista acerca de por qué el sentido de la identidad moral veces no desarrolla o se desarrolla sólo en forma de retraso en el crecimiento ? ¿De dónde viene un

sentido superficial de uno mismo viene? Algunas de las respuestas de la entrevista cita

anteriores han sugerido que el respeto que se muestra es importante para

el desarrollo de un robusto sentido de su propia identidad. Pero se les niega

el respeto no es lo único que frena el crecimiento de un sentimiento de

auto . Siendo hecho de sentir culpa, sentirse mal consigo mismo , puede también

desempeñar un papel. Algunos de los entrevistados habían experimentado una gran cantidad de culpa.

¿Qué clase de cosas estabas hace sentir culpable? I.I : Bueno

- Me disculpan - masturbándose y cosas ... Así que te hace sentir culpable

acerca de eso? Muchísimo. Pero usted dice que usted empujó la culpa de

tu mente realmente ? Bueno, sí. Lo ignoré . I eligió ignorarlo

porque me hizo sentir mal.

(Ibbott 3 .)

A veces se les hace sentir culpables , incluso para las cosas de otras personas

había hecho a ellos .

LJ : Me odiaba a mí mismo por las cosas que mi madre hizo para mí y paso

hermano. Um , pensé que era mi culpa. Que yo fui el que

estaba haciendo el mal.

(Jackson 8 .)

Siendo hecho odiar a ti mismo no es una buena base para el desarrollo de un

sentido de la identidad moral. Esta carga de culpa en la infancia también plantea una

pregunta acerca de la "falta de culpa " en la imagen Cleckley del

psicópata y que forma parte del " Factor One" en la psicopatía de Hare

Lista de verificación. ¿Esta sobrecarga de culpa en la infancia amortiguar el

capacidad de sentir culpa más tarde en la vida? ¿O es la ausencia de adultos de la culpa más aparente que real?

Algunos sintieron lo suficientemente mal consigo mismos para sentirse acusado incluso para las cosas no lo han hecho .

¿Se siente culpable por las cosas? N.B : lo hago, todo el tiempo , sí.

¿En serio? Um , si alguien entra en un armario en el comedor o alguien escribe algo en las paredes, y porque nadie sabe ... quién lo hizo ,

Me siento ahí el sentimiento de culpabilidad , pensando Espero que sean no todos mirando mí.

(NEGRO 4 .)

Cuando los entrevistados hablaron sobre si habían sentido culpable cuando , o poco después , que habían cometido sus crímenes , dieron muy diferentes cuentas . Algunos lo hicieron cubrir el cuadro Cleckley -Hare de tener estar libre de culpa . Pero le dieron diferentes explicaciones de por qué esto tenía sido así. Algunos sintieron que habían cometido crímenes sin víctimas, y por lo no se sienten mal por lo que habían hecho, pero dijeron que tendrían sentido culpable si hubieran hecho daño a alguien.

¿Se siente culpable por algo que has hecho? N.B : Um ,

(vacilación) No, no. Usted no se sentiría culpable por ello ? Usted no lo haría sentirse mal por haber hecho algo ? Supongo que no me siento culpable porque nunca he cometido un delito en el que , literalmente, me he afectado alguien, como yo he roto en la casa de alguien y robado todo ...

Porque yo he robado de un edificio de oficinas ... no es en realidad que afecta nadie , es sólo porque no pertenece a nadie , no es destacando a nadie. Pero ¿le importaría si le robaste a una persona usted sabía ? ¿Te sentirías mal por eso ? Me gustaría, sí.

(NEGRO 4-5.)

Otros dijeron que cualquier tendencia a sentirse culpable se vio abrumado por la

el odio que sentían.

Algunas personas piensan que la manera en que su conciencia le dice que algo es

lo malo es que te sientes mal por ello. Sin embargo, otras personas piensan que lo que

te sientes culpable es sólo una cuestión de la forma en que fueron criados .

O.A : Sí, creo que es verdad en ambas cuentas . Depende de la manera

te criaste , lo que fue criado para … hm … es … sí …

decir , no se utiliza para sentirse culpable porque tenía demasiado odio en el interior

me siento culpable , en contra de todos.

(ADDISON 4 .)

Otros dijeron que se sentía muy culpable después, a causa de tener que enfrentarse a

el daño que habían causado , pero dijo que en el momento en que habían evitado

culpa por poner anteojeras .

Si no lo han hecho en absoluto feliz, que han hecho daño a otras personas y

te han herido , te han herido en parte porque han hecho daño a otro

gente y te sientes mal por ello ? O.A : Er , sí, pero entonces , es como ,

su , me refiero a si usted no conoce a la persona , ¿sabes lo que quiero decir , que

justificarlo, así que no lo justifican, que no los ve . Sí. Quiero decir

Recuerdo que cuando me duele este tío en la cárcel y su mamá estaba en la corte

y ella estaba llorando y eso, me sentí , fue horrible , me sentí tan

terrible. Porque ella estaba allí y pude ver lo que estaba haciendo . Pero ,

um , es como una cosa de luz intermitente , que no se ven . Cuando usted actuó

estaba , como usted dice , las anteojeras , que no piensa en el

consecuencias para las personas ? … Pero los niños cuando comienzan a hacer eso, como si se rompen en algún lugar y nick ... deberían enfrentar las personas ,

'porque no hay nada peor que estar avergonzado hasta que alguien de

cara. Quiero decir a nadie le gusta eso, es horrible. Así que no es sólo

sentir lástima por la persona que está herida , también está sintiendo la vergüenza

sobre cómo ... Sí, Sí , pero todo , todo , está viendo ellos,

ver la expresión de sus rostros .

(Addison 13 .)

Algunos dijeron que habían sentido culpable en ese momento, pero no lo había admitido .

QA: En el caso del asesinato de hecho , yo estaría de acuerdo con la horca. yo

han matado dos veces y dos personas , y nunca lo olvidaré. Lo hice no sólo

lastimarlos. Me duele su familia mentalmente , no físicamente sino mentalmente ,

y sus seres queridos . Los llevé lejos de sus familias y

todo lo ...

¿Se siente culpable por lo que hizo en esos días? Me siento culpable

sobre todo lo que he hecho. En aquellos días , se sintió culpable, pero

no admitirlo? Sí. Me sentía culpable , pero yo no lo admitiría . yo estaba

demasiado orgulloso . Yo solía ir lejos y decir : "Yo estaba fuera de allí para"

yo solo, pero yo no diría a nadie , pero ahora voy a hacer . "

(ASH 5-6.)

Aquel que expresa fuertes sentimientos de culpa , pero dijo que no tenía

se sentía culpable en ese momento, era incapaz de expresarse sobre por qué esto había sido así.

En su cuenta , en el momento en que parece haber estado llena de conflictos.

Aunque negó haber sentido culpa, él dijo que había tratado de detener y

había sentido disgustado consigo mismo .

LJ : Entonces el acto de violación es suficientemente violenta , por el amor de Cristo, que saber. Pero incluso cuando estaba haciendo que me detuve de repente , ya sabes.

¿Qué , qué estoy haciendo aquí ? ¿Qué está pasando ? Usted sabe . Intenté

hacer excusas débiles para la mujer , disculpas ridículas estúpidas a la

mujer , ya sabes. Y yo los conduje hasta una de las estaciones de autopista

y se estacionó frente a un coche de la policía , que se sentó allí . Y eso fue

ella. Yo estaba totalmente disgustado conmigo mismo. No tuve un maldito

cosa fuera de él. Quiero decir, sexualmente , no hizo nada para mí en

todo . Gracias a Dios . Pero ahora, pienso para mí , bueno ya sabes , quiero decir que he

intentado , todo lo que puedo esperar es que , la mujer , así que la mujer no es

todavía agonizante sobre él. Con suerte, ella ha sido capaz de seguir adelante con

su vida y lo puso a un lado. Obviamente , nunca lo olvidaré . yo

no lo olvides ...

Quiero decir que no es sólo la afectó , ha afectado a su familia y

amigos y cosas así . Estas cosas , que no piensan . yo

no pensar en ellos de todos modos. Que hago ahora. Quiero decir , hubo momentos en los que

Deseé poder verla. Sí. Ya sabes , más o menos , no se disculpa

exactamente, pero una especie de ... ¿Se siente un poco culpable por ello ? Sí, lo sé

sentirse culpable por ello . ¿Se sintió culpable por ello en estos días ? usted

Dices que eres una persona diferente. Ahora que eres una persona que se siente culpable

sobre ese tipo de cosas . ¿Se sintió culpable en estos días acerca de

cosas que hiciste o no particularmente ? En realidad no. ¿Por qué crees que

fue ? No se. No tengo ni idea.

(Jackson 11-12 .)

Autocreación y falta de control : EL LADO BUENO Y LO MALO SIDE .

Algunos de los entrevistados sentían que habían sido en gran medida a cargo de sus propias vidas :

IQ : Yo siempre solía sentir que hay tres categorías de personas en

cárcel y estos establecimientos. Ahí está el triste, el loco y el mal .

También siento que usted encaja en una de esas, y siempre me clase mí

como lo malo. ¿No es la triste, no el loco, pero lo malo ... Quiero decir, yo elegimos el

ruta que he tomado , solamente yo. Quiero decir , nadie me dice Joe , has

tienes que hacer esto , tienes que hacer eso. " He elegido , así que realmente mi

destino como tal fue presentado por mí. No fue presentada antes y

dijo: " Bien, tu destino es terminar en Broadmoor dentro de 30 años

tiempo . Quiero decir que en realidad caminaba el camino que me trajo hasta aquí . Usted sabe,

nadie me empuja a lo largo .

(QUESTOR 13-14 .)

Pero los informes de muy a menudo no se sienten en control fueron más frecuentes :

JF : A veces, en mi situación , sé que estoy haciendo mal , incluso cuando

Sé que debería estar haciendo bien. A pesar de que he hecho mal , no puedo detenerlo.

(CAER 6 .)

Usted sabía que otras personas estaban odiando lo que fuera. No lo hiciste

quieren saber acerca de ella . Qué dolor estabas protegiendo de ?

II: Casi sucede conmigo en cualquier lugar, me sale un psicológica

impresión , los sentimientos no pueden estar en lo cierto , y es sólo una impotencia.

Es una sensación de que llevaría a algún tipo de intensidad, que

que me empuje sobre el borde. Yo no sería capaz de hacer frente .

(Ibbott 4 .)

LF: Yo no , me refiero a que sé que es lo que se supone que debo , quiero decir que

no necesariamente hacerlo yo mismo , porque siempre tiendo a hacer un montón de

errores y estropear ... sé realmente cuando miro hacia atrás en estos cosas , yo sé lo que hice estuvo mal, pero que conducen a ella yo no

Siempre hacer el bien, ni siquiera creo que , así, no creo que haya

toma de decisiones allí.

Y sientes que no sabes lo que quieres? No. No sé lo que quiero ,

y yo , simplemente no me parece , eh, una especie de realidad. No parece tan

sin embargo, usted sabe, yo puedo llegar hasta allí.

Suena como si quieres ser amable, pero a veces un poco

problemas en el control de ... Sí, lo sé , esta es la cosa, yo sé lo que

Me gustaría ser, y sé cómo debo actuar, pero todo parece ir

por la ventana .

Me parece que tienes un fuerte sentido de lo correcto y bastante

mal, pero no siempre es fácil de aplicar en su vida . Pero poner

en la práctica, no soy , sé qué es qué , pero no lo hago , no puedo,

Yo no soy muy capaz de poner en práctica.

(FARLEIGH 3 , 5-6, 9 , 14-15.)

Acción a toda prisa o en un momento de ira puede tomar la vida de otra persona

y la ruina de su propia cuenta.

BF : Todo sucede en episodios , pero ... a pesar de que estamos aquí para un

razón , en general , er no es como si ... la razón ocupaba la mayor parte de

nuestras vidas . Más o menos, las instancias de un minuto , cinco minutos como máximo o

algo nos ha traído aquí .

(Fellows 11 .)

Uno dijo haber tomado decisiones apresuradamente y luego actuar sobre ellos mucho

más tarde, pero sin ningún otro pensamiento que interviene :

Son estas decisiones muy apresuradas tomadas en un ambiente de fuerte emoción ? L.F :

Sí, también , las decisiones precipitadas que se han extendido por tipo de días o semanas ,

¿sabes lo que quiero decir ? Es una decisión apresurada , aunque a veces se

espera una decisión apresurada que sea como , dos segundos después de salir a

hacerlo, usted piensa , luego vas y lo haces. Pero puedo hacer una apresurada

decisión acerca de algo y luego una especie de hacerlo dos semanas después. D' usted

Sé lo que quiero decir? Sin , y no, en el medio de pensar en ...

(FARLEIGH 7-8.)

Algunas de estas cuentas de no estar completamente en control tienen resonancia

fuera de este grupo . "Sé que estoy haciendo mal , incluso cuando sé que debería

estar haciendo bien " es una experiencia que la mayoría de nosotros . Pero , en conjunto,

las observaciones sugieren un sentido mucho más fuerte que la normal de ser

derrotado en una batalla interna : " todo parece ir de la

ventana ", " no parece como si yo puedo llegar hasta allí " , una impotencia que

"Me empujaría sobre el borde. Yo no sería capaz de hacer frente . "Un fuerte

forma de este sentido de la lucha y la derrota interna se encuentra en uno

entrevistado que veía a sí mismo como tener una buena y una parte mala , y la sierra

pérdida de control como la victoria del lado malo sobre lo bueno.

FV: Mi cabeza es todo en mal estado y me dieron una buena parte de mí

que está hablando a ustedes ahora , y entonces hay un lado malo de mí, y cuando

ese lado sale no me siento culpable ni nada .. Así , aunque

hay dos lados de usted, cuál es la verdadera verdad? El que usted esté

hablando ahora. ¿Es eso cierto? Así que si ahora se podría volcar su lado malo

lo harías ? Sí . Porque soy como un animal. Como digo, me

atacar a la gente a cambio de nada . Y cuando estás en el otro lado , ¿quieres

volcar su lado bueno ? Es como una batalla. Cuando me apuñalaron a esta chica , unos diez minutos antes de que yo hice, yo estaba teniendo esta gran batalla en mi

cabeza sigue y sigue -no hacerlo , hazlo , hazlo , hazlo , y así.

Se siguió y siguió y al final lo hice . Pero después de que yo hice, que fue

como un zumbido , ya sabes lo que quiero decir . " Buscó la perra " y esas cosas

así. Veo - la ordenó a la perra y se le dio un zumbido. así

el lado malo le gusta ese tipo de rumores . Yeah- los gustos secundarios negativos

la violencia -que consigue mi propia espalda y cosas por el estilo . El lado bueno -it

sólo quiere una vida normal. Pero es como una gran batalla . A veces me

perder, porque tuve una pelea hace un par de semanas y el lado malo era

hacerse cargo de una gran cantidad y las enfermeras lo vieron también. Pero usted no cree que

el lado malo es el verdadero tú , entonces? ¿De dónde viene? No lo hago

saber.

(VERNON 5 .)

Está muy lejos de ser exitosa creación . Sin embargo, algunos

entrevistados utilizaban ayuda psiquiátrica para tratar de cambiar

a sí mismos . Pero el esfuerzo podría parecer una lucha contra enormes probabilidades.

AO: Yo sé que algunos de los pensamientos que tengo son mal y algunos de los

cosas que he pensado y dicho y quiero hacer se equivocan. Así que sé

que estoy pensando mal, o hacer el mal . ¿Qué te hace sentir culpable

al respecto, o lo que te hace saber que está mal ? Yo no creo que sea

que me siento tan culpable. Es más que - no puedo sacarlo de mi mente, para

arrancadores . Inicialmente, obviamente , no va a desaparecer y no puedo dormir. lo

hace que me inquieta. Simplemente juega en mi mente ... Me preocupa que

finalmente voy a hacer estas cosas y yo no quiero sobre todo

quiere - a difícil para mí en realidad a decir "no " a ellos ... ¿Está teniendo pensamientos acerca de atacar a las personas o sobre el sexo ... Implican secuestro,

violación y la violencia y el asesinato , así que ... Si pudiera elegir no tener

estos pensamientos ... Estoy intentando . Esa es una opción que ya he

hecho , que yo estoy intentando ... Debe ser muy difícil hacer eso . Sí . en

el momento estoy tratando de castración química , para trabajar en las fantasías ,

que va a acabar con el sexo y las fantasías de asesinato / violencia que

Tengo , pero no está teniendo un gran éxito con él .

(ORTS , 4-5.)

A veces, uno de los entrevistados , a pesar del conflicto interno y

a pesar de las terribles cosas hechas en el pasado, tenían un seguro

sentido de la identidad moral : la creencia de que su lado bueno era el verdadero

persona, aunque en el pasado se había ocluido .

Usted dice que lo que le gustaría . ¿Le gustaría cuidar de tu madre.

También dice que le gustaría tener - usted dice, espacio para ser yo. O.A :

Sí, espacio para ser yo. ¿Qué quiere decir ? O.A : (risas) ¿Qué lo hace

significa eso? Lo creas o no, yo soy una persona muy sensible y cariñosa. yo

le gustaría ser capaz de mostrar a alguien que puedo amar y cuidar

ellos .. ¿Crees que has sido siempre muy sensible y amoroso

persona ? Siempre ha estado ahí. Acabo negué . Yo sólo he escondido

que , digamos .

(Addison 9 .)

CAPÍTULO CUATRO: DOS PROBLEMAS DE INTERPRETACIÓN .

Hay dos problemas metodológicos obvios para estas entrevistas.

¿Hasta qué punto pueden las respuestas a mis preguntas pueden aceptar como veraz ?

Y, si las interpretaciones de lo que dijeron tienen razón, hasta qué punto es la psicología describe especial para las personas con su diagnóstico ?

(También hay una tercera , muy profundo , pregunta . ¿Cuál es el adecuado

actitud hacia este grupo de personas ? Sus vidas trágicas evocan simpatía en

un entrevistador. También han hecho cosas terribles a otras personas

que no están presentes para ganar la simpatía. ¿Existe un equilibrio emocional,

entre la dureza de ignorar la tristeza de la propia de los pacientes

vidas arruinadas y una simpatía sentimental que esconden lo que hicieron

a los demás? Estas cuestiones se dejan de lado aquí hasta que la parte de la

libro sobre " Trastorno Psiquiátrico , Control y Responsabilidad " .)

LA CUESTIÓN DE LA HONRADEZ .

Central a la cuenta Cleckley del psicópata es el cuadro de

alguien estafar y manipulador. Esta reputación se extiende a aquellos en los

la categoría más amplia de trastorno de personalidad antisocial. Así que no hay

un problema metodológico obvia . ¿Pueden decir cosas en las entrevistas

fiar ?

Normalmente, una decisión sobre si se debe confiar en lo que alguien dice se basa en

dos fuentes . Hay una " lectura " intuitiva de la persona, sobre la base de

claves tales como el contacto visual , la conducta , el tono de voz y la elección de

palabras . Y puede haber evidencia independiente , ya sea en lo que es

dicho o sobre la honradez de la persona.

En estas entrevistas una lectura intuitiva no siempre fue fácil. En uno

o dos casos , sentí que las respuestas frías e impersonales dieron ninguna pista

acerca de su confiabilidad. (A no ser que este tipo de respuesta es en sí un

signo de falta de credibilidad , pero eso no parece evidente.)

De vez en cuando , la voz del terapeuta parecía audible. sentado frente a un hombre muy difícil de aspecto , puede ser desconcertante para oírlo

hablar ahora estar más en contacto con sus emociones.

En su mayor parte yo tuve impresiones intuitivas . Pero primero había

una barrera para abrirse paso. Al llegar a Broadmoor , consigo un manojo grande

de las llaves a la puerta cerrada con llave y perímetro de las puertas cerradas en el

manera de las salas. Al llegar a la sala, me voy a la enfermera. Él llama

el paciente y nos lleva tanto a la sala de entrevistas. Así que me presento , como

un carcelero con un manojo de llaves tintineando en mi cinturón, en compañía de

probablemente alguien visto como una figura de autoridad . Y , en comparación con muchos de los

las personas que entrevisto , mi forma de hablar pueden reflejar diferencias de

la clase social y la educación. Puede recordarles de encuentros pasados con

maestros, abogados o jueces.

Trato de romper la barrera , pero se necesita tiempo. Antes de salir,

la enfermera puede haber dicho enérgicamente, " Robinson , tienes una investigación

entrevista. Entra en la sala de entrevistas . " Cuando nos hemos sentado

juntos, yo digo: " Mi nombre es Jonathan Glover. Estoy feliz de ser llamado

Jonathan . ¿Quieres que te llame el Sr. Robinson o Frederick? "

Por lo general, la respuesta es a lo largo de las líneas de " Fred hará" . la

entrevistado ha visto una breve reseña del proyecto, y ha dado su consentimiento

a la entrevista. Pero me ola que no he llegado a preguntar acerca de

su delito. He venido a preguntar acerca de lo que piensa de

algunas preguntas acerca de lo correcto y lo incorrecto, y que él no tiene que

responder a cualquier cosa que él no quiere . Pero hasta ahora poco se ha hecho

para reducir la altura de la barrera .

Por lo general, el ambiente se pone mejor durante la hora más o menos de la entrevista. Hago preguntas de una manera que espero que sea amable y

respetuoso. Hasta cierto punto parecen calentar a ser preguntado sobre cómo

que piensan y cómo ven las cosas . Con suerte , puede encontrarse con que

Realmente no encuentro lo que dicen muy interesante.

Puse la grabadora en la mesa entre nosotros y enciéndalo.

Porque soy inepta con esas cosas, después de un minuto o dos, digo,

" Vamos a comprobar si esta cosa funciona " . A veces , no encuentro nada

ha grabado y luego tocar el violín alrededor con ella en lugar de manera incompetente . la

hombre frente me mira con creciente incredulidad y luego dice

algo así como: " No, no, no es así. Aquí quiero hacerlo ", y luego

organiza como debe ser. Esto no es algo que podría (o lo haría

quiere), creado deliberadamente , pero su suceso ayuda a las cosas.

A medida que la barrera se rompe un poco , empiezo a tener algunos intuitiva

impresión de la persona . De vez en cuando me parece escuchar una nota falsa en

lo que se dice . Cuando esto sucede, suele estar vinculada a la sensación de que

la persona que habla cree , erróneamente, que hacer una buena impresión

me puede ayudar a su progreso hacia la liberación . (Si lo hace creer,

es a pesar de las explicaciones que yo no estoy apegado a la Broadmoor

personal .)

Pero, en su mayor parte , el contacto visual , las expresiones de la cara y

el tono de voz sugieren autenticidad . Algunos de los que yo veo son bastante

duro para llegar a hablar en cualquier longitud. Parecen muy inarticulado , o

más desconcertado por la rareza de la novedad o aparente de las preguntas.

O existe la posibilidad de que su fluidez del habla puede tener

atrofiado en sus años de encierro. Nada de esto parece una

pose engañosa. Pero estos son una minoría. La mayoría de los otros vienen a

parecen bastante satisfechos de hecho estas preguntas personales sobre su

valores y su punto de vista , y que como siendo escuchados . ellos

frecuencia de anulación de lo que he dicho acerca de la entrevista no estar a punto

su delito. A veces parecen ansiosos por hablar de ello , ya que

si hay algo que están dispuestos a expresar . Y a menudo, sin

se lo pidiera, hay cosas que parecen querer derramar sobre

su infancia. Con todo esto, lo que a veces viene a través de un

hecho que la calidad de lo que dicen. Parece carga emocional en lugar

que el calculado .

Por supuesto , el psicópata Cleckley brillantemente engañosa podría venir

más de esta manera. Uno de los peligros de ser demasiado influenciado por la Cleckley

foto del estafador manipuladora es que puede hacer que sea imposible

para nada nunca para contar como evidencia en su contra. Signos normalmente

lo que sugiere un mentiroso se tienen que confirmar la falta de honradez y signos

honestidad normalmente sugiriendo se toman para confirmar la brillantez

actuación manipuladora. Si la imagen Cleckley es ser vulnerable a

posibles pruebas en su contra tiene que haber alguna posibilidad de una

interpretación que a veces toma las señales sugieren autenticidad en

valor nominal. Todos nos enfrentamos al problema de las otras mentes todo el tiempo. nosotros

todo "leer " el uno al otro , y nunca sabemos con absoluta certeza que

cualquier particular lectura es correcta. Pero una gran parte del tiempo que tenemos

bastante buena razón para que nuestras interpretaciones , a pesar del hecho de que

a veces en desacuerdo acerca de si esto es así.

Con la gente que entrevisté , hay a veces independiente

pruebas . Una obvia tipo Cleckley pensamiento es sobre las cuentas que

dio de sus infancias desesperadas. Inventar historias de este tipo

podría ser una estratagema obvia de ganar la simpatía y para excusarse

de la responsabilidad de los terribles crímenes que han cometido.

Los psiquiatras que trabajan en Broadmoor - no un grupo que muchos sospecharan de

acostado para mejorar la reputación de sus pacientes - han dicho en la conversación

que la gran mayoría de sus pacientes , el 80 % o más , han tenido como

infancias .

Por supuesto , durante gran parte de lo que dicen que no hay verificación disponibles utilizando

pruebas independientes . Intuitivamente , dijeron las cosas parecían en su mayoría , pero

no siempre genuino. Tales interpretaciones son en algún grado

subjetiva , y los que leen las respuestas citadas en ocasiones pueden preferir

sus propias interpretaciones a las que se sugieren aquí .

¿HASTA DÓNDE ES LA PSICOLOGÍA QUE EMERGE DISTINTIVO DE ANTISOCIAL

Trastorno de la personalidad ?

Para entrevistar a estos hombres era tratar de vislumbrar las partes de su interior

vive que ver con los valores , la moral y la conciencia. Pero , incluso si

la foto de aquí es más o menos correcto, lo diferente que son sus vidas interiores

de las de muchas otras personas ? Se ha sugerido que la suya

incluir una moral de comandos , las ideas de justicia primitiva , la ira,

superficialidad de pensamiento moral y una concepción profunda de sí mismos ,

una tendencia a aumentar de anteojeras , y la construcción de un muro de defensa

en contra de ser herido o humillado por los demás. Pero cada uno de ellos es

que se encuentra en muchos que no tienen diagnóstico psiquiátrico. ¿Cuáles son los

implicaciones de esto para la utilidad de la cuenta que se desprende de las entrevistas ? ¿Y cuáles son las implicaciones para la utilidad

de la categoría de trastorno antisocial de la personalidad ?

Tome una de las características aparentes de su vida interior . Una de ellas

dijo: " Usted construye este muro defensivo" . Pero, ¿es realmente un

respuesta distintiva de este grupo de personas? Ted Hughes escribió

algo en una carta a su hijo Nicolás , que puede encontrar un eco en

muchas personas . Mencionó un sentido de inadecuación gente tiene , el sentido

de no tener un ego lo suficientemente fuerte para hacer frente a las tormentas interiores. Relacionó

esto al niño vulnerable aún dentro de cada uno de nosotros :

" Todo el mundo trata de proteger este vulnerable dos tres cuatro cinco seis

siete de ocho años en el interior, y para adquirir habilidades y aptitudes para

tratamiento de las situaciones que amenazan con abrumar a ella. así

todo el mundo se desarrolla toda una armadura de auto secundaria, el artificialmente

ser construido que trata con el mundo exterior , y la aglomeración de

circunstancias . Y cuando nos encontramos con personas que es lo que habitualmente conocemos ...

Eso es lo que se encuentra en casi todo el mundo . Y esa pequeña criatura es

sentado allí , detrás de la armadura, mirando a través de las rendijas ... Cada

sola persona es vulnerable a la inesperada derrota en este íntimo

yo emocional . En cualquier momento, detrás de los más eficientes para adultos aparente

exterior , todo el mundo de la infancia de la persona es ser cuidadosamente

celebrada como un vaso de agua abultado encima del borde " . (REFERENCIA A

CHRISTOPHER REID (ed.) : CARTAS DE TED HUGHES, LONDON, 2007 , páginas

513-514 .)

Por supuesto , el testimonio de Ted Hughes no garantiza que

todo el mundo se desarrolla un muro de defensa : " toda una armadura de secundaria auto " . Pero , si muchos de nosotros respondemos a su pensamiento con alguna

reconocimiento, esto sugiere que el muro defensivo puede ser la protección

muchas más personas que tienen el diagnóstico de personalidad antisocial

trastorno. Para averiguar cómo muchas otras personas, y para saber si la

pared es más común o es más fuerte en aquellos con el diagnóstico, lo haría

necesita investigación empírica sutil.

Si estas entrevistas habían tenido un grupo de control , que habría sido

posible, al menos en principio, para ver si el muro defensivo fue

más común entre el grupo Broadmoor . Pero en la práctica no lo haría

todavía han sido difíciles cuestiones de interpretación. control diferentes

grupos pueden generar diferentes grados de contraste , o incluso la

diferencia entre algo de contraste y ninguno en absoluto . ¿Y hasta dónde es el

invisibilidad de cualquier muro defensivo una señal de que no existe ninguno ? O hasta qué punto

tampoco sugiere la habilidad con que el muro en sí puede ser

defensivamente oculta ? Algunas de estas posibilidades llevar a cabo una

ventaja de pensamiento de las personas con trastornos psiquiátricos en términos de

posiciones sobre las diversas dimensiones de la psicología humana .

El enfoque de " dimensiones " es una alternativa a una fuerte psiquiátrica

tradición influenciado por la vista de un trastorno médico como todo o nada :

algo que una persona cualquiera tiene o no tiene . En este enfoque ,

trastorno bipolar o trastorno de la personalidad antisocial, es una categoría

como las paperas, con un claro sí o no hay respuesta a la pregunta de si

está presente . Las personas con estos trastornos habitan en cajas separadas , cortar

fuera de las variaciones encontradas en las personas "normales". La visión alternativa es

encontrado entre muchos psicólogos. El énfasis en " las dimensiones de personalidad ", sugiere que todos somos en alguna parte a lo largo de un continuo entre ,

por ejemplo , la estabilidad emocional y la depresión maníaca . En ese punto de vista ,

hay una cierta arbitrariedad en el punto de corte para la psiquiatría

trastorno.

Esta cuenta del contraste se ha agudizado por una cierta simplificación :

dejando de lado las calificaciones que traen los dos enfoques más cerca

entre sí . Pero hay diferencias reales de énfasis. Los partidarios de

la vista " continuum " puede acusar a los demás de hacer psiquiátrica

pacientes más extrañas de lo que deberían . Los partidarios del "todo o

ninguno " vista puede decir el" enfoque continuo " minimiza el

distintivo de los trastornos psiquiátricos . Al igual que en otras partes del

medicina , cada enfoque puede ajustarse algunos trastornos mejores que otros.

Preguntas sobre la categoría de trastorno de personalidad antisocial

permanecer . ¿Es una categoría útil ? Si es así, hasta qué punto es " independiente ", como

en contra de una cuestión de ser más a lo largo de diversos tipos de continuum ?

La construcción del muro de defensa es sólo una de las características que

puede tener un carácter distintivo . Pero , teniendo esta característica , si Ted Hughes estaba en lo cierto ,

la muralla defensiva está lejos de ser exclusivo de las personas con este diagnóstico.

Pero , incluso si está en lo cierto , puede que ya sea construir un muro como más

a menudo, o construir una más alta y más fortificada.

Estas cosas que aún no sabemos salir de la cuestión del estatuto

de la categoría de trastorno antisocial de la personalidad en el aire . la

entrevistas sugieren que hay grupos psicológicos que muchos de ellos

tienen en común , más que entre las personas en general. Si esto es cierto

de la mayoría de las personas con el diagnóstico , esto sugiere la categoría hace tener algo con ella. Pero también me quedé con la impresión de que

pensar demasiado en términos de diagnóstico, con todas las asociaciones

derivado de la tradición Cleckley , puede ponerse en la forma de hablar con

ellos, de escuchar lo que dicen, y de ver como la gente que

son .

CAPÍTULO CINCO: SHAKESPEARE LLEGA A BROADMOOR .

HAMLET : He oído que las criaturas culpables en una obra de teatro

Tener por el muy astuto de la escena

Ha llamado la atención por lo que el alma ...

... La obra es la cosa

Donde cogeré la conciencia del rey .

La tarea de ayudar a este grupo de personas contienen o superan sus

impulsos violentos es compleja. La mayoría de ellos son personas cuyas moral y

crecimiento emocional se ha atrofiado. En gran medida, de su propia

cuenta , esto se debía a que eran los niños que no fueron queridos . mucho

de los daños no se puede deshacer . Nada va a traer de vuelta a la gente

algunos de ellos asesinados. Nada va a quitar del medio físico o psicológico

cicatrices dejadas en los atacaron o violadas . Y para ellos ,

nada va a acabar con el rechazo de la niñez , seguida por la sociedad de

rechazo después de su crimen, o el hecho de que gran parte de sus vidas

se ha gastado en confinamiento .

1 . Revivir y alimentar el crecimiento moral y emocional.

Pero quizás uno de los crecimientos psicológica atrofiado puede ser revivido .

Las partes atrofiadas incluyen la empatía y la simpatía. También es el retraso en el crecimiento

capacidad para pasar de la poca profundidad a la profundidad . Hay una necesidad , por ejemplo, para desarrollar el respeto por los demás que va más allá

dejar que las mujeres a través de la puerta primera y otra convencional

la cortesía. También necesitan ayuda con la construcción de una moral coherente

identidad, un sentido de lo que son que les permitirá vivir

afuera en el mundo y vivir en paz con ellos mismos.

Algunos de estos tipos de crecimiento están relacionados , si es correcto que "otro

la gente no es muy real para ellos " está vinculada a " no ser muy

real para ellos mismos. " Tal vez la empatía, la simpatía y el respeto por los demás

se aprenden en la infancia a través de la reciprocidad : a través de ellos mismos

se muestra la empatía , la simpatía y respeto. Y está demostrado que estos mismos

las cosas pueden ser importantes para el crecimiento de un sentido de la identidad moral

y el movimiento relacionado de la superficialidad a algo más profundo .

Estas conjeturas sugieren dos enfoques. Una es tratar de extraer

respuestas emocionales más profundas , las cuales también pueden estimular a reflexionar

en sí mismos y en sus valores . Esto significa llegar a profundizar en el interior

ellos, y puede haber una pregunta sobre si los resultados justifican

la posible angustia involucrada . El segundo , relacionado , la estrategia consiste en

ayudarles a participar en relaciones que extraer recíproca emocional

respuestas y el respeto mutuo . Ambos enfoques pueden basarse en algo

muy diferente de la separación a menudo se piensa apropiado en

profesionales.

" Tratando de revivir" , en lugar de simplemente " revivir " , su desarrollo emocional

el crecimiento, ya que el éxito puede ser muy limitada. Tal capacidad puede

atrofia cuando los períodos sensibles para su desarrollo se han perdido ?

Los niños pequeños pueden recoger un nuevo idioma con un acento perfecto que adultos suelen encontrar muy difícil o imposible. ¿Existen clave similares

períodos tempranos para los eslabones de desarrollo emocional y moral ? si es así

tal vez sea demasiado tarde para hacer bien todo el que se ha perdido . Pero, al igual

como adultos todavía pueden aprender idiomas , empezado más tarde emocionales pueden hacer

que ponerse . La única manera de averiguarlo es intentarlo.

2 . EL PROBLEMA " AMIGOS DE PAGO " .

¿En qué consiste en ayudarles a participar en las relaciones? Una de las preguntas

se trata de aquellos que le daría esta ayuda. ¿Quién podría ser? ¿Cómo lo haría

que se dedicó a ella, y en qué contexto ? ¿Serían los "amigos pagadas" ,

con la manipulación y la falta de autenticidad que implica ? Esta duda

no es marginal , y tal vez hay una estrategia o técnica será completamente

conseguir alrededor. Pero experimentar con diversos diferente " no estándar "

enfoques psiquiátricos pueden indicar hasta qué punto cada uno tiene éxito o fracasa .

Algunos enfoques , una vez que " no estándar " , como la terapia de arte y teatro

terapia, son ahora una parte visible de la corriente principal. Incluso si hay un

elemento del amigo pagado por el terapeuta del drama , todavía puede

ser verdaderos beneficios . Peter Brook, en el espacio vacío , se lamenta de que , por

muchas personas, el teatro y otras artes no son una necesidad , sino un

opcional extra. Contrasta esto con las necesidades de los psiquiátrica

en los pacientes a veces conocido por la terapia de drama. Temas sugeridos por el

pacientes , dramatizada con la ayuda del terapeuta, puede dibujar tanto

los que actúan y los que ven en debatir los problemas que todos ellos

acción. Tomando hay vista acerca de si esto ayuda a tratar el trastorno mental,

Brook dice que la experiencia compartida cambia ligeramente la forma en que seguir adelante con

entre sí . " Cuando salen de la habitación , no son exactamente lo mismo que cuando entraron . Si lo que ha sucedido ha sido shatteringly

incómodos, son vigorizados en la misma medida como si no hubiera

sido grandes carcajadas ... simplemente , algunos de los participantes son

temporalmente, ligeramente , más vivo " . (REFERENCIA AL ESPACIO VACÍO ,

PÁGINAS 148-150 .)

El enfoque que se describe aquí no es una terapia normal de drama. es

dar a los pacientes la oportunidad de ver obras de gran alcance que van más profundamente actuado

en las cosas que se han oscurecido sus propias vidas.

3 . SHAKESPEARE QUE JUEGA EN BROADMOOR .

Por encima de todo nos dirigimos al órgano amortiguada , la imaginación.

Es como el arte del médico, o la cortesana . El médico no puede amar

todos los pacientes , la cortesana no puede amar a cada cliente . Es común

la humanidad que le mantiene en marcha . En este sentido, cada actor ha firmado

un juramento hipocrático no escrita .

Simon Callow : ser actor .

Más de una década antes de que las entrevistas en Broadmoor describe en

este libro , el hospital ofreció una notable serie de obras de teatro

actuaciones. Entre 1989 y 1991, la Royal Shakespeare Company,

el Royal National Theatre y otros grupos llevaron a Broadmoor algunos de

Las tragedias de Shakespeare : El rey Lear , Hamlet , Medida por medida y

Romeo y Julieta. Debido a que muchos de los que están confinados en estancia Broadmoor

allí mucho tiempo, es probable que algunas de las personas que entrevisté

estaban en las audiencias. Incluso si no es así, las audiencias se han incluido

personas similares a aquellos cuyos valores y la historia que he tratado de

dibujar. Estas actuaciones , así como su recepción, sugieren algunos enfoques no convencionales a nutrir el crecimiento moral y emocional .

El título de este capítulo está tomado del título de Murray Cox

sorprendente libro Shakespeare viene a Broadmoor . (En este capítulo me baso

enormemente en ese libro , así como en su otro libro Shakespeare como

Prompter .) Murray Cox fue Consultor Psicoterapeuta en Broadmoor .

Se había retirado algunos años antes de ir allí para las entrevistas , pero

personas que trabajan allí todavía a veces se iluminaron ante la mención de su

nombrar .

Marca Rylance reunió Murray Cox en un simposio en Stratford. era

Actualmente juega Hamlet y , tomando un café , sugirió que "sería

bueno si pudiéramos traer Hamlet a Broadmoor " . Así Hamlet se convirtió en el

por primera vez en la serie de obras realizadas en el hospital. Casi un

cuarta parte de los pacientes, se aplicó a asistir. A pesar de la decisión de no

correr el riesgo de daño psicológico a los pacientes que podrían ser demasiado vulnerable,

ninguno de los que aplicó fueron excluidos. El público también incluyó

algunas de las enfermeras y demás personal . Después de la actuación del reparto y

el público se mezclaba y habló juntos. Pocos meses después de Hamlet

vinieron Romeo y Julieta, que deben seguir Medida por medida y

finalmente, el Rey Lear . Después de la última actuación alguna de la audiencia

decidimos quedarnos en un taller en el que compartieron sus experiencias

con el elenco .

4 . ALCANZAR EN EL FONDO .

GERTRUDE : Tú turns't mis ojos en mi alma.

Ambos psiquiatras y actores dan testimonio de la forma en que las obras de teatro a veces

alcanzado en el interior de los pacientes.

Rob Ferris, un psiquiatra forense Consultor, dijo que el

intento psiquiátrica para ayudar a los pacientes a adquirir conciencia de su

actos violentos a menudo falla. Pero , " Lo que me impresiona es el poder de la

teatro, el poder de la actuación para conseguir que , al acercarse a ellos ,

para comunicarse con ellos. " Dijo que años de terapia , a veces

tienen poco beneficio obvio , "Sin embargo, en una sola tarde puedo sentir la

poder de que el rendimiento de llegar a ellos , y su capacidad para

responder " .

Los actores eran a veces conscientes de la carga emocional especial otorgado

a la ocasión simplemente por su bienestar en Broadmoor . Brian Cox , quien

jugado Rey Lear, expresó lo siguiente:

Lear fue la producción en bruto desde el primer momento , y su vida dependía de

su audiencia. Si se trataba de un público muerto, fue una actuación muertos

porque no pudimos resucitar algo que no estaba allí. nosotros

no podía dar vida a algo que no estaba allí. En Broadmoor usted

no tenía ese problema, ya que todo el evento es teatral . a

jugar a un montón de pacientes psiquiátricos es una cosa teatral que hacer .

Propios sentimientos de los actores de lo que está ahí en las jugadas a veces dio

les ideas de lo que podría llevar su desempeño a los pacientes.

Brian Cox reflexionó sobre Rey Lear :

Se trata de la muerte , se trata de la aceptación de su parte , aceptando que en mi

comenzando es mi fin; que se cosecha lo que se siembra , a menos que haga

modifica rápidamente y hacer las paces en términos de sí mismo. En realidad, es

sobre la búsqueda de nuestra propia paz , que debe ser para aquellas personas trágicos

en Broadmoor .

Un paciente tuvo una respuesta que estuvo muy cerca de esta esperanza :

Cuando Lear murió sentí una abrumadora sensación de pérdida, y las lágrimas de equitación

por mis mejillas. Desesperadamente quería ir y abrazar el cadáver de Lear.

Sentí la sensación de unión en la muerte entre Lear y sus hijas .

También la sensación de paz y plenitud en la muerte ...

Las obras tenían reverberan con el conocimiento de los pacientes de su

situación y de su propia historia . Brian Cox tomó nota de algunas respuestas a

Lear :

Cuando yo le dije: " ¿Hay alguna causa en la naturaleza que hace que estos duros

corazones ? " una niña tristemente sacudió la cabeza de lado a lado en un tiempo muy

de manera dolorosa.

En la escena de la locura , el público se rió, con una calidad determinada a

lo que fue muy emocionante . Era la línea que comienza: " ¡Qué!

Ar't loco? Un hombre puede ver cómo va el mundo sin ojos ... Ninguno lo hace

ofender , no digo nada . " Y fue extraordinaria cuando dije que

line .

Cuando dije , " Oh No sea yo loco " , la forma en la frase retumbó

alrededor de la habitación era extraordinaria ...

Los propios pacientes habló de los vínculos que hicieron con sus propias vidas :

Hamlet , la persona también podría haber sido mi madre, hermano, hermana y

aunque sea un amigo - y cómo se sintieron al saber que yo , su

hermano, había hecho lo que había hecho - por lo que no tiene mucho significado ... I

espera que usted entiende esto.

Quizás hacer estos enlaces estimular la reflexión sobre sí mismos? la

consultor dijo Brian Cox que más de un paciente suyo , dijo

cosas a lo largo de las líneas de, " lo hice envidian la capacidad de Cordelia y

su padre para tener una despedida ... que me hizo pensar en mi propia

situación, en particular antes de que yo maté a mis padres " .

Y algunos comentarios de la audiencia sugirió pensamientos más profundos y más serios

que la convencionalidad superficial y la moralidad de comandos notable

en algunas de las entrevistas " socráticos " :

Una de las escenas de cuchillo me recordó un incidente cuando amenacé

una ex novia , y trajo a casa a mí el miedo que sentía ... simplemente

porque sentía miedo de ver lo mismo. También trajo a casa a mí

la forma en que componemos nuestras miserias a través de nuestros propios sentimientos destructivos de

amargura y venganza ... Si tan sólo pudiéramos aprender a no actuar en

tendencia impulsiva de venganza que podrían así reducir la cantidad de tragedias

en esta sociedad.

. 5 actores y el público : dar algo a cambio .

Para jugar a un público más amplio y comprensivo es como cantar en una habitación

con una acústica perfecta. El público constituye el espiritual

acústica para nosotros. Ellos devuelven lo que reciben de nosotros como la vida ,

las emociones humanas .

Constantin Stanislavski : Un actor se prepara .

Una relación empezó a desarrollarse entre actores y público .

A veces, las cosas sucedieron cuando no eran más que mezclaban antes o despúes

la obra de teatro . Georgia Slowe (que jugó Julieta) se dio cuenta de lo que sucedió cuando

un paciente ofrecido Jenny , que estaba jugando a la enfermera , una taza de café :

Se volvió distraídamente y le acarició el brazo : "No, gracias ,

darling " . Yo estaba detrás observando al hombre , y que era su expresión que me llamó la atención , cuando esta mujer maternal precioso lo acarició y lo llamó

él " darling " de un modo distraído ; que era sólo una maravillosa

expresión . En ese momento se me ocurrió que había tenido Jenny como su

madre, él nunca podría haber estado allí ; toda su vida podría tener

sido muy diferente.

Después de una actuación de Ron Daniels , quien dirigió Hamlet , le dijo un

Paciente que no era la forma en que normalmente se hacía Shakespeare :

"No, yo sé que no es " , le dije, " pero se basa en una idea central de

uno de mi familia que tenía esquizofrenia y que se suicidó en el

edad de 23 años . " Este paciente , este hombre puso sus brazos alrededor de mí y abrazó

y me dijo: "va a estar bien " . Él estaba buscando después de mi dolor y me

creía lo que estaba pasando aquí no era sólo que nos da , que fuimos nosotros

recibiendo también.

Pero sobre todo la relación venía de compartir la experiencia de la

obras de teatro que tanto eco en la vida de los pacientes. Brian Cox

encontrado jugando Lear más fácil en Broadmoor que en cualquier otro :

Fue la actuación más liberadora que he tenido , ya que

De repente tenía un punto a la misma. Porque de repente sentí que estaba haciendo

a un montón de gente que realmente entiende lo que era el dolor de Lear

sobre ... Ellos sabían , porque su imaginación era tan aguda.

Las actuaciones dieron a los pacientes la oportunidad única de

reciprocidad, para dar algo a cambio a los actores, que los actores de

convertir apreciado. Clare Higgins , quien interpretó a Gertrude , expresó lo siguiente:

... El público estaba respondiendo de una manera que me largo para que el público

- responder de una manera sentimiento y de una manera muy abierta . Como fuimos hacia

Al final de la obra, que recogió los sentimientos de ese público que

nunca suele recoger en el teatro. Simplemente parecía dispuesto a

cruzar la línea de la etapa , y para ser parte de la obra de teatro : había una gran cantidad de

dolor en la sala , y la tristeza y el arrepentimiento , y parecían ser

empujando la obra hasta su conclusión con nosotros. Me pareció extraordinario,

porque yo no creo que mucha gente en esa habitación estaban íntima con el

jugar , o sabía cómo iba a terminar. Pero parecían sólo para rodar

con él, con nosotros, hasta el fin. Fue una sensación hermosa . Yo nunca tengo

tenido que con una audiencia antes de que todos nosotros juntos estaban viendo

el juego a través .

Marca Rylance habló de su propia respuesta a una interjección durante

El entierro de Ofelia, una respuesta en la que se fusionan actor y Hamlet:

Hubo un momento increíble cuando le dije a Laertes : "Me encantó Ophelia .

Cuarenta mil hermanos no podían con toda su cantidad de amor hacer

mi sum. " Y uno de los pacientes se adelantó y dijo: " Creo

usted " . Mi corazón realmente nudo en la garganta y las lágrimas inundaron mis ojos, y me

pensamiento- Oh, yo realmente necesitaba a alguien para decir que ... No me di cuenta de lo

mucho que necesitaba para ser creído . " ... sentí que sí, sólo alguien como tú

entendería . Tal vez eso es parte de por qué quería ir o

Hamlet en mí quería ir ; la sensación de que la gente entendería .

Además de esta devolviendo , también hubo un poco de respeto mutuo. marca

Rylance , que interpretó a Hamlet , la esperanza de que el mismo hecho de que los actores tenían

llegado podría enviar una señal :

Me imagino que fue algo en sí mismo sólo para sentir que nos encontramos y

dio que el rendimiento de ellos. Si yo estaba en algún lugar de esa manera y alguien vino y lo hizo para mí , me siento que quizás había

algo bueno en las personas , o que pensaban que yo era la pena.

Un paciente dijo que la experiencia compartida llevó a la amistad :

Actores y actrices vinieron aquí como personas desconocidas y dejan firme

amigos. La razón de esto ... es que compartimos una intimidad y unidad

que no puede ser experimentado en otros lugares.

Tener matado y abusado de nosotros mismos, somos capaces de entender el

la locura y la violencia ... en las tragedias de Shakespeare , ya que está cerca

en nuestro corazón. No tenemos que adivinar lo que [se] les gusta matar, mutilar ,

y sentir la desesperación absoluta. La mayoría de nosotros hemos estado allí nosotros mismos.

6 . La preocupación por la falta de autenticidad .

¿Qué pasa con el tema " amigos pagados " mencionado anteriormente ? ¿Hay

algo manipuladora o no auténtico sobre el uso deliberado de un

realización de una obra de Shakespeare para llegar a las cosas en el interior del

los pacientes ? La reciprocidad emocional y respeto mutuo que comenzó a

crecer fuera de la puesta en común de conteo experiencia profunda en contra de esta .

De antemano algunos de los actores se preocupó por ser un manipulador o

condescendiente. Marca Rylance expresó lo siguiente:

Yo estaba muy asustada que estaría deseando volver a ... - Ya sabes que

pensaría , bueno , que son estos actores que vienen aquí fingiendo ser

loco o pretendiendo asesinar o violar y entrar en ese lugar

donde realmente he estado y donde realmente he sufrido todo esto

dolor por estar allí. De repente me sentí muy asustada por lo que

Que estaba haciendo. ¿Qué derecho tenía yo para venir aquí y retratar las cosas como

a la gente que tal vez habían experimentado estas cosas en su vidas ?

Pero esta conciencia en sí hizo para confirmar su autenticidad :

... Ese sentimiento es como un fuego que quema el exceso de ego y todo

los trucos que usted confiar, y me dio la sensación de que tengo que ser absolutamente

honestos aquí . El Hamlet debe ser absolutamente ácido , honesto ... Fue uno de

esos momentos maravillosos que me persiguen después de todo el tiempo , cuando se

sientes que eres un conductor y algo está llegando a través de ti , en lugar

de lo que estás haciendo nada . Y no me sentí que me había tocado el

parte en absoluto. Sentí que lo jugaban . Algo colectiva llegó a través de

mí, a través de las palabras. Había muy poco "hacer" ; el "hacer " got

ha consumido y había más ser ...

En un momento se dijo las palabras " actos asquerosos subirán, aunque todo el

tierra los o'erwhelm , a ojos de los hombres ":

Dije esta línea a un hombre que yo no conocía , pero que me había mirado

con tanta claridad , con nada más que una mirada absolutamente recta. lo

sólo me sentí inmediatamente como si había un grupo muy sensible de la gente

allí, que uno tenía que andar con mucho cuidado y no el abuso , no tome

ventaja , sólo les dan la forma más sencilla podría.

Lo mismo pensamiento inspirado juego de Rebecca Saire de Ofelia :

Por lo general, una parte de mí se encuentra a un lado , a juzgar a mí mismo y la

la respuesta del público a lo que estoy haciendo . En Broadmoor , me encontré con que

parte del observador de mí succionado de vuelta pulg Ante tanta verdad en

respeto de la gente que estábamos realizando en frente de , inconscientemente I

di cuenta que necesitaba 100 % de mi propia verdad para responderlas. Era como si yo

estaba jugando Ofelia por primera vez .

7 . AYUDANDO A LA GENTE QUITE las anteojeras y hacer algunas grietas en la pared .

Las voces publicados aquí son sólo unos pocos de un público que contiene

casi una cuarta parte de los pacientes de Broadmoor . Así que también es probable que

han sido algunos de los que respondieron menos.

Hay toda una psicología espera de ser trazado de por qué algunas personas

que han hecho cosas terribles son más accesibles que otros. En su

autobiografía lado de mí mismo , Antony Sher describe hablando con dos

asesinos , en libertad después de la cárcel, como parte de la preparación para jugar

Macbeth . Un ("Marca") había sido un adicto a los juegos de azar y matado a su mejor

amigo en lugar de admitir que había apostado el dinero para la electricidad

proyecto de ley. Era sensible de una manera que sugiere " sin capa externa de

piel " , crudo, temblando, nervioso , obsesionado por su crimen , y que vio

mismo después como "Alone . Desnudo en el mundo. Siempre. " El otro

("Jimmy") era " un hombre duro de Glasgow , criado con el crimen" . tenía

matado a un presunto informante . " Si Jimmy no había sido capturado , se siente

no se habría dado un segundo pensamiento. " Apenas recuerda su

crimen, pero se resiente de todo lo relacionado con la cárcel. Cada uno de ellos vinieron a ver

Macbeth . Marcos no le gustó y quiso Macbeth mismo había sido más

heroico. Jimmy se fue después de la obra sin decir nada. Antony Sher

escribió: " Temo lo peor de nuevo. Entonces recibí una carta . En tropiezo

frases que dice en repetidas ocasiones cómo se movía era " . (SHER , páginas 336-559 .)

Puede parecer extraño que la obra alcanzó , no el hombre sensible prima

sin piel exterior , pero el hombre duro. Tal vez la dureza es la

tragedias de pared defensiva, y de Shakespeare a veces llegan a la

persona vulnerable mirando a través de las rendijas ?

Las voces de respuesta después de las actuaciones Broadmoor son variadas

suficiente para demostrar que algunos pacientes tenían "devolver lo que reciben

de nosotros como vivir las emociones humanas " . Es difícil no ver señales de

crecimiento emocional revivió en la forma en que las obras llegaron a su interior para

evocar sentimientos y reflexiones , y en lo que el público le dio la espalda a

los actores.

El proyecto fue un nuevo modelo de cómo ayudar a las personas cuyo mundo fue

vislumbrado en las entrevistas " socráticos " . Ese mundo es confinar . ellos

están atrapados en una moral estrecha y rígida de la retribución , la convención

y la autoridad. Prominente en su mundo emocional son el rechazo , la falta

de reconocimiento , los intermitentes y el muro defensivo. El Shakespeare

actuaciones pueden haber empezado a llegar a "el órgano amortiguada , la

imaginación " . Tal vez ellos hicieron el encierro un poco menos opresiva

y un poco más fácil para escapar .

Pero el modelo tiene limitaciones obvias . No todos los hospitales psiquiátricos

puede dibujar en los actores , y ciertamente no de esta calidad. y lo que

sucede cuando se han ido? Cuatro jugadas pueden hacer una contribución , pero

sería un optimismo salvaje pensar que suficiente para convertir la vida de alguien

redonda, incluso cuando las obras son de Shakespeare y se actúa por el

mejores profesionales . El proyecto se cita aquí como particularmente

impresionante, pero todavía como uno entre otros, no como una varita mágica.

Hay una necesidad de muchos enfoques no estándar a la reactivación moral y

crecimiento emocional . La mayoría de ellos no tienen todo lo que hizo el

Shakespeare proyecto sea un éxito . Pero vale la pena mencionar algunos de los principales

características . Los actores mostraron respeto a los pacientes por su disposición a actuar para ellos . Actores y público debatieron la

juega en igualdad de condiciones , por lo que por alguna reciprocidad. No todo fue

organizado. Contacto en bits sueltos de tiempo no planificado llevó a algunos de los

mejores momentos : el actor que dice " no, gracias , cariño " mientras acariciaba

el brazo del paciente , y un abrazo del paciente cuando Ron Daniels mencionó

su hijo. (Erving Goffman , en los asilos , dijo que " nuestra posición es respaldada

por los edificios sólidos del mundo, mientras que nuestro sentido de personal

identidad a menudo reside en las grietas " .)

Tal vez dos cosas cuentan más . La elección de la obra de Shakespeare

tragedias , obras de no más ligeros y menos pertinentes , significó profundizar . y

lo que importaba que los pacientes tuvieron la oportunidad de dar algo a cambio .

Debería ser posible inventar otros proyectos que van profunda . y

reciprocidad debería ser posible también. Ted Hughes puede tener razón de que la mayoría

de nosotros mirar a través de las rendijas de nuestras defensas. Si es así , tal vez los de

nosotros con y los que no tenemos " trastorno de personalidad antisocial " puede

ayudarse mutuamente agujeros aplastar a través de las paredes defensivas.

www.ingramcontent.com/pod-product-compliance
Lightning Source LLC
Chambersburg PA
CBHW060636290526
45793CB00001B/276